中华先贤人物故事汇

羊祜

薛 舟 著

中华书局

图书在版编目（CIP）数据

羊祜/薛舟著. —北京：中华书局，2020.9
（中华先贤人物故事汇）
ISBN 978-7-101-14601-1

Ⅰ.羊… Ⅱ.薛… Ⅲ.羊祜（221~278）-生平事迹
Ⅳ.K827＝371

中国版本图书馆 CIP 数据核字（2020）第 100960 号

书　　名　羊　祜
著　　者　薛　舟
丛 书 名　中华先贤人物故事汇
责任编辑　傅　可　董邦冠
出版发行　中华书局
　　　　　（北京市丰台区太平桥西里 38 号　100073）
　　　　　http://www.zhbc.com.cn
　　　　　E-mail：zhbc@zhbc.com.cn
印　　刷　北京瑞古冠中印刷厂
版　　次　2020 年 9 月北京第 1 版
　　　　　2020 年 9 月北京第 1 次印刷
规　　格　开本/787×1092 毫米　1/32
　　　　　印张 4¼　插页 2　字数 50 千字
印　　数　1-10000 册
国际书号　ISBN 978-7-101-14601-1
定　　价　20.00 元

出版说明

孔子周游列国，创立儒家学说；张骞出使西域，开辟丝绸之路；书圣王羲之，留下了曲水流觞的佳话；诗仙李白，写下了"举头望明月，低头思故乡"的名篇；王安石为纠正时弊，推行变法；李时珍广集博采，躬亲实践，编撰医药学名著《本草纲目》……

这些杰出的历史人物，有的是在中华民族文明进程中做出过突出贡献、对后世产生过巨大影响的思想家、政治家，有的是对中华优秀传统文化的传承传播发挥过重大作用的文学家、艺术家、科学家，有的是为国家安定统一、民族融合团结和中外文化交流做出过杰出贡献的军事家、外交家……他们为中华民族的繁荣发展做出了伟大的贡献，他们的行为事迹、风范品格为当世楷模，并垂范后世。

他们是中华民族的先贤人物。他们的思想、品德、事迹，是中华优秀传统文化的结晶。他们的故事，是对中华民族的禀赋、特点和气质最生动、最鲜活的阐释。他们的名字，在五千年中华文明史上最为光彩夺目。他们为五千年中华文明史书写了最为光辉灿烂的篇章。

为了解先贤，走近先贤，我们精心组织编写了这套《中华先贤人物故事汇》丛书。以详实可靠的史料为依据，以细腻动人的故事为载体，真实地呈现中华先贤人物的事迹、品格和精神风貌，彰显他们的贡献和功绩，以激发人们对国家民族的热爱，对中华文明、中华优秀传统文化的崇敬。

开卷有益，期待这套丛书成为你的良师益友。

目 录

导 读

　　东汉末年，天下大乱，无数的英雄在这个历史大舞台上登台亮相。随着旧王朝崩溃，新帝国崛起，羊祜出生的时候，英雄时代的大幕已渐渐落下，曹丕正式称帝，建立魏国，不久蜀汉、东吴相继称帝，三国鼎立局面形成。羊祜就是在这段相对平静的时光里长大的。

　　泰山郡羊氏向以诗书持家，羊祜自幼便受书香浸润。他的母亲是东汉名士蔡邕之女，婶娘辛宪英也是名士辛毗之女，羊祜在其父外出游宦的日子里精进学业，为他日后身负重任打下了良好基础。早年间，羊祜多次拒绝曹爽与司马昭征辟，后朝廷征拜其为中书侍郎，而后因功被封为钜平子。司马炎称帝后，着手准备灭吴之事，命羊祜坐镇襄阳，都督荆州诸军事。羊祜的过人之处，在于他能未雨绸缪，看清历史趋势，提前为三国归晋做好战略准备。他在荆州，除了屯点整军，更重要的是采取怀柔政策，攻心为上，弥合三国争霸中日渐分裂的民心，从而和东吴名将陆抗建立了深厚的战时友谊。他知贤任能，大公无私，先后推荐了名将王濬和杜预，为后来的灭吴之战准备了人才。

唐建中三年（782），颜真卿建议追封古代六十四名将，设庙享奠，这其中就包括"征南大将军南城侯羊祜"。北宋宣和五年（1123），宋徽宗继续为古代七十二名将设庙，羊祜同样在列。羊祜统兵多年，没有攻城拔寨的军功，却依然被誉为一代名将，深受朝廷信任和百姓爱戴，因为在他身上较多展现了儒将的素质。人们热爱羊祜，怀念羊太傅，其实更是对他手握雄兵而心怀仁义之精神的尊崇。

汶水少年

　　羊祜还在襁褓里的时候，泰山郡南城（今山东平邑）羊家发生了一件悲伤的事情。

　　他的父亲羊衜（dào）担任上党（今山西长治）太守，经年在外，家中只有母亲蔡夫人操持。蔡夫人本是汉末名臣蔡邕之女，闻名天下的蔡文姬是她的大姐。当年蔡邕受朝廷宦官迫害，流亡于吴越、齐鲁之间，颇受泰山羊氏礼遇，便以次女贞姬与羊衜婚配，生下长子羊承、女儿羊徽瑜和幼子羊祜。蔡夫人之前，羊衜已有妻室，乃是太中大夫孔融之女。无奈孔夫人命薄，生下儿子羊发不久就去世了。好在蔡夫人宅心仁厚，对待羊发视如己出。

　　一天，蔡夫人正在为羊祜缝棉袄，女儿徽瑜气喘吁吁地跑了进来。

"娘，娘，不好了，不好了。"

"什么事啊，这样惊慌？"蔡夫人问。

"哥哥晕倒了。"

听了徽瑜的话，蔡夫人大吃一惊，连忙叫女儿照看羊祜，自己冲出了门外。

走出大门，只见羊发和羊承横躺在地，紧闭双眼，口吐白沫，看起来可怕之极。蔡夫人大声呼喊着孩子们的名字，却是毫无反应。她只好左手抱起羊发，右手抱起羊承，艰难地跑回内室，将他们放在床上。

蔡夫人拍打着两个孩子的脸，一会儿掐人中，一会儿翻眼皮，依然是没有动静。旁边的徽瑜早已吓呆了。

"瑜儿，快，快去请婶娘！"蔡夫人急道。

正在发呆的徽瑜连忙冲了出去，飞快地跑到隔壁的叔父羊耽家。羊耽也是在外做官，只有夫人辛宪英在家照顾子女。辛宪英是曹魏名臣辛毗之女，家学渊源，见多识广，不仅是远近闻名的大才女，更是泰山羊氏的主心骨。

辛宪英走到床前，俯身察看两个侄子，忽然间脸色大变，颤声说道：

"大嫂，这是疫病！快叫祜儿和瑜儿出去，不得靠近。"

蔡夫人登时没了主意，倒是徽瑜机灵，抱起床上的弟弟就往外跑。

辛宪英指挥大嫂开窗通风，煎熬草药，殷切侍弄两个孩子。蔡夫人担心羊承，却更关怀羊发，唯恐这个早已失去母爱的孩子有个三长两短，所有的心思几乎都用在了他的身上。经过一个多月的照顾，羊发逐渐好转，羊承却不幸夭折。

时光飞逝，当日襁褓中的羊祜幸运地躲过瘟疫，现在已经五岁了。哥哥羊发自有天地，小羊祜便整天追随着姐姐徽瑜，像影子似的不离左右。羊徽瑜已经长成了亭亭玉立、温文尔雅的少女，每日里手不释卷，早已把《论语》《诗经》《列女传》等书读得滚瓜烂熟。每每遇到不懂之处，她便跑去请教婶娘，辛夫人自己饱读诗书，格外喜欢这个乖巧伶俐的侄女。

辛夫人很愿意跟孩子们讲述以前的故事。一次，辛夫人在讲到袁、曹官渡大战时，小羊祜脱口而出道：

"我就知道袁绍肯定会失败。"

辛夫人听了心中一动，拉过小羊祜，和颜悦色地问道：

"祜儿，你是怎么知道的呢？"

"婶娘不是说了吗？袁绍有那么多谋士，那么多战将，可是都跑了啊。他不得人心。"

"不得人心？！"

辛夫人震惊于小侄子的话，万万没想到这个黄口小儿竟然这么有想法，她轻轻抚摸着羊祜的头发，感慨地说：

"祜儿说得很对啊。孟子也说，得道者多助，失道者寡助。正是这个意思。"

听到婶娘夸奖自己，羊祜兴奋不已，蹦蹦跳跳地出去玩了。

阳春三月，草长莺飞，汶水两岸草木葱茏，自然就成了孩童们的乐园。羊祜也不例外，每当玩得兴起，若非姐姐来扭耳朵便不肯回家。不过，别的孩子都是瞎玩，羊祜却总能看出门道。

"姐姐，我要考你的古诗。"

有一次，羊祜挑衅似的对姐姐说。

"呦，祜儿长本事了？"羊徽瑜笑道。

"青青园中葵，朝露待日晞。"

背完两句，羊祜故意停下来，抬头望着姐姐。

"《乐府·长歌行》，这个难不倒我。"说着，羊徽瑜接着背诵起来："阳春布德泽，万物生光辉。常恐秋节至，焜黄华叶衰。百川东到海，何时复西归……"

"停！"

羊祜忽地跳到姐姐面前，伸手指着面前的汶水，疑惑地问道：

"姐姐，诗里都说'百川东到海，何时复西归'，那总归没错吧？"

"当然。"

羊徽瑜不知道弟弟的葫芦里卖的是什么药。

"你再看汶水是往哪儿流啊？"羊祜说。

听了弟弟的话，羊徽瑜也停下脚步，仔细端详着面前这条熟悉得不能再熟悉的河流，原来从未觉得异样，这时忽然也觉得奇怪了。

面对向西流的汶水，小羊祜心中充满了疑问。

"是啊，汶河怎么不往东流，反倒往西流呢?"羊徽瑜喃喃自语道。

"哎，姐姐，我问你呢。"羊祜调皮地说道。

"这我还真的不知道，回去问问婶娘吧。"羊徽瑜答道。

这样的故事，别说姐姐不知道，母亲蔡夫人也不甚了然，还是精通掌故和风土人情的婶娘知道得多。当地传说汶水里住着河神小青龙。小青龙照拂沿岸百姓，总是波澜不兴，静静地流淌。不过，汶水向西流，不肯到东海，这可气坏了东海龙王。他叫来小青龙，狠狠地训斥，命令他马上将汶水掉头。面对威势赫赫的东海龙王，小青龙怎么敢不答应呢? 就说回去改正。龙王见小青龙答应得不痛快，有点不放心，派三公主去督促。

龙女三公主来到汶水边，看到小青龙根本没有动静，就大声质问他为什么不服从龙王的命令。小青龙诚恳地说:"三公主啊，你看这汶水两岸都是肥沃的农田，养育了无数的善良百姓，如果河流骤然改道，洪水泛滥，那将淹没多少良田，导致多少人无家可归啊!"

三公主觉得小青龙说得很有道理，自己也不忍心毁坏两岸的农田，于是飞回东海，向龙王求情。谁知龙王根本听不进去，只觉得自己没面子，要求小青龙三天之内必须改变河道，否则要给予严厉惩罚。三公主见父王如此不讲道理，也很生气，干脆不辞而别，飞回汶水，和小青龙并肩战斗。

　　天上三天，人间三年。这三年里，汶水两岸风调雨顺，粮食丰收，人们的生活更富裕了。龙王可是真的生气了，连降暴雨，导致洪水泛滥，不过因为三公主和小青龙的坚守，并没有造成多大的灾难。日子长了，东海龙王也就把这件事淡忘了。当地百姓感激三公主，凑钱在河边建起了三娘庙，每年都献上丰盛的祭品。

　　听了婶娘的故事，羊祜既感动又好奇，下决心要找到三娘庙。他按照婶娘说的地点去寻找，走了很远都不见踪迹。正在焦急的时候，羊祜看到河边柳树下坐着个白胡子老人，便三步并作两步地走上前去，深施一礼，礼貌地问道：

　　"老人家，我想去看三娘庙，您能告诉我怎么走吗？"

"哦……"

老人转过身来，捋着雪白的胡须，细细打量面前的少年。羊祜看见了老人的眼睛，和蔼可亲而又炯炯有神，忽然感觉有些不自在，羞涩地低下了头。

"哈哈哈哈！"看着羞涩的羊祜，老人发出了爽朗的笑声，接着说道："这是谁家的儿郎，面相真是不差。将来你一定会为国建立大功！"

羊祜对老人的话不明所以，过了半晌才嗫嚅着说道："老人家，三娘庙……"

"日升月沉，沧海桑田。人间兴替，何论神仙。"

说完这几句话，老人飘然而去，留下羊祜站在原地，呆愣了半天。

汶水悠悠，少年成长。仿佛只要汶水不东流，便带不走少年的欢乐。

不料十三岁那年，父亲羊衜猝然去世，这给了羊祜当头一棒。他在叔父和兄长的带领下为父亲举行了隆重的葬礼，心中的哀痛却总也挥之不去。树欲静而风不止，子欲养而亲不待，这是无法弥补的哀伤。

从那以后，羊祜收敛心性，终日与书为伴，很快便背熟了《诗经》《左传》《周易》。除了读书，他也知道为母亲分担家务，姐姐徽瑜也学会了女红，日夜纺织，帮着贴补家用。

羊祜最喜欢听婶娘讲述魏、蜀、吴争战的故事。其实早在他出生的前一年，曹丕已经逼迫汉献帝禅位，绵延四百余年的大汉帝国宣告终结。次年，刘备在成都称帝，国号仍然为"汉"，殊不知无论国力和兵力，皆不如曹魏和孙吴。羊祜九岁那年（229），孙权在武昌称帝，后迁都建业（今江苏南京），三国鼎立的局面正式形成。

羊祜爱听，辛宪英爱讲，活生生的三国故事就在书房、井栏和树下不断上演。十常侍之乱、群雄讨董卓、官渡大战、火烧赤壁的故事深深地吸引着羊祜幼小的心灵。虽然身为曹魏的臣民，羊祜最崇拜的人，却是刘备的军师诸葛亮。

"说起来啊，诸葛亮的身世还不如你呢。他四岁丧母，八岁丧父，像你这么大的时候便跟着叔父离开家乡琅琊阳都到了荆州，过起了自食其力的生活，直到二十七岁才遇到了刘备。"

"亲贤臣，远小人，此先汉所以兴隆也；亲小人，远贤臣，此后汉所以倾颓也。"

微风吹来，一片树叶落在脚下。羊祜俯身拾起，一边观察，一边随口吟诵出婶娘为他抄录的诸葛亮《出师表》里的句子。

父亲去世的第二年，惊人的消息次第传来，搅扰着少年羊祜的心事。这年夏天，瘟疫大肆流行，举国人心惶惶。

四月，曾经的汉献帝，如今的山阳公安然谢世于山阳城，享年五十四岁。汉献帝九岁那年被董卓胁迫为帝，一生都在权臣的威胁之下过活，全然没有体会到帝王的尊贵，甚至连伏皇后被害都不能救。退位之后，悠游林泉，总算过了几年有滋有味的日子。

半年之后，婶娘又告诉羊祜，诸葛亮在五丈原去世。

"啊！"

听到这个消息，羊祜惊讶地瞪大了眼睛，半天合不拢嘴。

"祜儿，你知道吗？山阳公和诸葛亮是同年出生，同年谢世，这真是冥冥之中自有安排啊！"

诸葛亮的去世让三国力量失去了平衡，曹魏没有了来自蜀汉的压力，曾在西北战场与诸葛亮紧张对峙的大将军司马懿升任太尉，负责大修洛阳宫，新建昭阳殿和太极殿。也是在这个时候，司马懿之子司马师却做出了非同寻常的举动，竟然意外地牵扯到了千里之外的泰安羊家。

原来，司马师娶的是夏侯尚之女夏侯徽，两人生育了五个女儿。夏侯尚本是曹操手下大将夏侯渊的侄子，司马家攀附曹氏的目的十分明显。夏侯徽自幼饱读诗书，很有见识，每当司马师遇到难题，她都能从旁襄助。但随着司马家族地位上升，两人的矛盾却越来越深，夏侯徽似乎越发察觉到了司马家族的异心，言语之间难免有所表露，自然引起司马师的猜忌，最后痛下杀手。

司马师毒死夏侯徽之后，迎娶名臣吴质之女，不久又废黜了。也不知道是谁的建议，司马师准备迎娶泰山羊氏的羊徽瑜！

羊徽瑜已经二十一岁，按说也过了婚配的年龄，只是羊祜从小受到姐姐的教诲和疼爱，临到分别之际，自然有万般不舍。

这年冬天，大雪纷纷扬扬，汶水结了厚厚的坚冰。大雪持续多日，天寒地冻，原本疯狂蔓延的疫病也终于消停下来。这一年几乎家家都有病人，家家都有人去世，望着纷飞的瑞雪，人们都舒了口气，但盼瑞雪兆丰年。

姐姐的马车在雪地里碾出深深的辙印，渐渐地驶出街头，驶向洛阳。

"姐姐！姐姐！"

羊祜拉着姐姐的手，依依不舍。马车越来越快，羊祜开始奔跑。

"姐姐在洛阳等你！"

风云突起

　　姐姐走后的春节是如此冷清，这冷清让羊祜深感不适。

　　姐姐临走时的话语，犹如石子投进他的心海。

　　"洛阳，我要去洛阳！我要有所作为！"

　　羊祜在心里呼喊。

　　要去洛阳，最好的途径便是太学。

　　诸葛亮的威胁消失之后，魏明帝在洛阳大兴土木，耽于享乐，同时也广兴太学，设置崇文观，安置饱学之士。天下英才闻风而至，一时间洛阳名士云集。

　　羊祜旦暮苦读，焚膏继晷，再加上婶娘从旁点拨，他对汉末以来的时局也更了然于胸，时常拿

《史记》和《汉书》上的故事来对照现实，渐渐变得智勇深沉，目光如炬。

父亲去世和姐姐出嫁让羊祜更加懂事了，读书之余总是尽力帮母亲处理家事，减轻母亲的负担。他对待叔父羊耽恭恭敬敬，尽心竭力。羊家子侄众多，羊耽却唯独喜欢羊祜这个小侄子，总是关心他的成长，考问他的学业。

有一次，羊祜过来问安。等他转身走出门口，羊耽手拈胡须，欣慰地对辛夫人说道：

"有此佳儿，兄长也能含笑九泉了。"

"谁说不是呢，祜儿必能光大羊氏门楣！"辛夫人说道。

渐渐地，羊祜长成了身长七尺三寸的美男子，浓眉俊眼，顾盼之间神采飞扬。他满腹才学，深谙历史，谈起时务来也有独到的观点。郡上的读书人无不倾慕他的才学和风度，前来拜访的人络绎不绝。

泰山郡新上任的将军名叫夏侯威，是名将夏侯渊的第四子，自幼风流倜傥，举手投足间颇有侠义风范。他很早就和曹丕、曹植交游，与兄长夏侯霸并立而为曹魏政坛的明星。

这次赴任来泰山郡，夏侯威听说羊祜的声名后大感好奇。他自恃有识人、鉴人的本领，无论什么人，只要打个照面，浅谈三言两语，便能断定此人是否有真才实学。

夏侯威派郡吏请来羊祜，一见之下，便觉他谈吐不凡，断定将来必成大器。

送走羊祜，夏侯威犹自兴奋不已，尤其是他听说羊祜尚未婚娶，更加按捺不住内心的激动，只恨自己没有女儿，否则便要当场订婚了。一番思量，夏侯威连忙写信给兄长夏侯霸和嫂夫人，极力夸赞羊祜的学问人品，力主将侄女嫁给羊祜。

夏侯霸常年驻守在外，家中事很少过问，既然是兄弟看好的人，当然没有推辞的道理。就这样，羊祜迎娶了夏侯夫人，得以与当朝最有权势的豪门结亲。

夏侯夫人不愧出自名门望族，知书达理，婚后侍奉婆婆，尽心尽力。羊祜得以专心读书，朝夕盼望进入太学。

不久，叔父羊耽官拜太常，举家迁往洛阳。太常位居九卿之首，除掌管祭祀礼仪外，还要负责考核、举荐博士（魏晋时期官学教师称博士）和博士子弟，于是写信召羊祜前来。

蔡夫人正卧病在床，羊祜百般不舍。夏侯夫人看在眼里，竭力劝说夫君不要以家事为念，尽快赴京就学，等将来出人头地，再回乡迎接母亲和夫人也不迟。

于是羊祜终于下定决心前往洛阳。路过野王（今河南沁阳）的时候，羊祜得知太原人郭奕正在这里任县令，特意绕道拜访，没想到名士山涛也在。

山涛是河内郡怀县人，酷爱老庄之学，卓尔不群，朝廷屡次征召，他都不肯出来做官，宁愿隐居在乡间，结交志趣相投之人。野王山水形胜，环境清雅，山涛经常带着好友嵇康、吕安、阮籍来游玩。

看到羊祜，郭奕大为欣喜，山涛也把他看作了忘年交。三个人对酒当歌，联床夜话，畅叙古今，这让年轻的羊祜大开眼界，想不到读书之外还有如此广阔的天地，深深感觉不虚此行。

"你们知道石鉴吧？"

明月当窗，清风徐来，羊祜以手支颐，已经昏昏沉沉了，忽然听到山涛的问话，连忙坐起。

"有一次啊，石鉴来看我，我们游山玩水，夜里也是这样连床共宿。那天夜里也不知道为什么，我很久都没睡着，却听见石鉴鼾声如雷。我越听越恼火，干脆起来，踢了他一脚。"

"啊！"

看起来嘻嘻哈哈的山涛竟然还有这样的脾气，羊祜和郭奕都很惊讶，等着他把话说完。

"怎么，天亮了？石鉴被我踢醒了，还以为叫他起床呢，哈哈哈。"笑完之后，山涛继续说道："我对石鉴说，如今是什么时候了，你竟然还睡得这么香！石鉴不明所以，稀里糊涂地问我：'对啊，这是什么时候？'我说：'太傅司马懿称病在家，你可知道是什么用意？'"

听到这里，羊祜更加清醒了。曹爽独揽大权，司马懿称病在家，这是朝野共知的事，难道还有什么异常吗？

"听了我的话，石鉴大不以为然，他说宰相不上朝，干脆下道诏书，让他回家就是了，你何必操心！"

听了山涛转述的石鉴的话，羊祜和郭奕都笑了。

"我就对他说，石生啊石生，你还是不要在马蹄间奔走吧！说完之后，我也倒头睡了，哈哈哈。"

"你还是不要在马蹄间奔走吧。"

山涛也真的睡了，羊祜却再也睡不着，反复在心里揣摩这句话。

天亮之后，羊祜向依然在睡梦中的山涛告别，准备赶赴洛阳。郭奕恋恋不舍，执意要为他送行。两人边走边聊，越送越远，天黑之后便找个乡村茅屋下榻，天亮继续前行，像两个结伴远游的人。

"郭公请留步，此处恐怕早已出野王界了。"羊祜说。

"哈哈，我眼中只有羊叔子，不知县境在哪里了。"郭奕答道。

羊祜苦劝郭奕止步，郭奕就是不肯，直到三天之后，两人已经离开野王数百里，这才洒泪而别。

此时山涛早就等急了，还以为出了什么意外。

"送客还要这么多天吗？"山涛问。

"唉，真是当今之颜渊啊！"郭奕遥望着羊祜离去的方向，慢悠悠地说道。

不久后，朝廷诏书下到野王，郭奕因为擅自出境而被罢职，他也干脆落得清闲，跑去找山涛、吕安玩了。

进入太学后，羊祜更加刻苦学习。虽然也想念母亲和夫人，好在姐姐和婶娘都在洛阳，时常可以见面，倒也减免了不少思乡之苦。身在京城，朝局近在眼前，羊祜看得更加清楚了。

自从魏明帝去世，年仅八岁的皇太子曹芳继位。按照明帝的遗诏，大将军曹爽和太尉司马懿共同辅政。曹爽凭借宗亲身份排挤司马懿，重用何晏、邓飏、李胜等亲信，故意晋升司马懿为太傅，实则是剥夺了他的实权。

曹爽为收买人心，大肆征用年轻人才，羊祜和王沈等人也在列。王沈是晋阳人，少年时代便没了父母，被叔父王昶收养。王沈侍奉继母和寡嫂非常孝顺，又爱读书，和羊祜有很多相似之处，两人也很聊得来。这次得到朝廷的诏令，特意来找羊祜商量。

不过，王沈表面上是商量，其实是劝羊祜一起就征。羊祜却想起了山涛说过的笑话，于是沉吟道：

"现在就要去替别人办事，恐怕不是那么简单的事。"

王沈毕竟抵挡不住诱惑，乐颠颠地跑去投靠了曹爽，很快便升任中书门下侍郎，可谓春风得意。

当时，司马懿被曹爽架空后称病回家，不再过问朝政。起初曹爽不放心，趁着河南尹李胜将到荆州赴任的机会，派他去向司马懿辞行，顺便探探病情。

听说李胜来访，"重病在身"的司马懿让两个婢女搀扶着出来见客，拿衣服的时候衣服落了地。他又用手指了指自己的口，表示口渴，婢女送来了粥。司马懿却端不动粥碗，只是伸嘴去喝，粥都流出来，沾满了胡子。

看到司马懿狼狈不堪的样子，李胜故作伤心地说道："我马上要去荆州赴任了，临行前拜见明公。原以为明公只是风疾复发，没想到贵体竟病成这样了！"

"哦，你马上要去守并州了？并州可是靠近胡人的地盘啊，你应当妥善戒备。老朽已经是将死之人，恐怕不能见面了，将来还请照料我的儿子司马师和司马昭啊。"司马懿有气无力地说完这些话之后，喘息了好半天。

"太傅啊，我说的是荆州，不是并州。"李胜察言观色，感觉司马懿不像装病。

"我年老昏迷，听不清你说什么。既然要去并州，那就好好为朝廷建功吧。"司马懿好像根本没有听清李胜说的是什么，始终把荆州当成并州。

看到这里，李胜终于放心地告辞出来，回来禀报曹爽说："司马公卧床不起，形神分离，只剩一口残余的气息，几乎就是行尸走肉了，根本不值得忧虑。"

听了李胜的报告，曹爽彻底放心了。

正始十年（249）正月初六，曹芳前去祭拜魏明帝之墓高平陵，曹爽兄弟和亲信们都随同前往。

不料，谒陵的队伍刚刚出城，司马懿立刻以郭太后的名义下令关闭城门，占据武库，派兵据守洛水的浮桥，同时以司徒高柔代理大将军职事，占据曹爽营地，太仆王观代理中领军，占据曹羲营地。

司马懿并不想谋反，而是做出"清君侧"的姿

司马懿诈病赚曹爽

态，派人向曹芳传书，数说曹爽的罪恶："我从辽东回来时，先帝诏令陛下（曹芳）、秦王（曹询）和我到御床前，拉着我的手臂，嘱托后事。我说'太祖、高祖也曾把后事托付给我，这些都是陛下亲眼所见，没有什么可忧虑的。万一出现不如意的事，我也会誓死执行您的诏令'。如今大将军曹爽背弃先帝遗命，败坏国家制度，在内超越本分自比君主，在朝则专横拔扈独揽大权，重要官职都安置了他的亲信，皇宫的值宿卫士也都换上他自己的人。曹爽又派宦官担任都监，探查陛下的情况，挑拨陛下和太后的关系，伤害骨肉之情，天下动荡不安，人人心怀畏惧。这绝非先帝本意。我虽老朽不堪，怎敢忘记以前说过的话？太尉蒋济等人也都认为曹爽有篡位之心，他们兄弟不宜担任皇家侍卫，我把这些意见上奏皇太后。皇太后命令我按照奏章所言施行。我已擅自作主，免去曹爽、曹羲、曹训的官职，勒令他们交出兵权，立刻回家，不得延迟陛下的车驾。如果敢于延迟车驾，那就以军法处置。"

"高平陵之变"发生后，洛阳城里人心惶惶，家家关门闭户，唯恐惹上麻烦。羊祜也匆匆赶到叔父家，聆听婶娘的教诲，恰好辛夫人的弟弟辛敞也来了。

"姐姐，大司农桓范出城去了。大将军司马（官职名）鲁芝约我去支援大将军，我现在还是大将军的参军啊，我是去还是不去？"辛敞焦急地问道。

"叔子（羊祜字叔子），你说呢？"辛夫人转过头来，故意问羊祜。

"依我看，大将军必败无疑。不过，阿舅身为参军，职分所在，还是应该去的。"羊祜沉吟片刻，说道。

辛敞吃了一惊，不敢相信羊祜的话，疑惑地看着辛夫人。

"叔子说得不错。"辛夫人说道："大将军只知道揽权，岂不知权势大了也烫手，他哪里是太傅的对手啊。"

"既然是这样，那我离城而去，岂不是送死吗？"辛敞说道。

"职守是大义所在。别人有难，我们尚能体察怜恤。你身为大将军参军，弃职不顾，那可是不祥之事。至于为人而死，那是亲信的职分，你不是大将军的心腹亲信，只是出于责任而已。"

听了分析，辛敞告别姐姐和羊祜，急忙随鲁芝出城。

司马懿老谋深算，连诸葛亮都拿他没办法，曹爽又哪里是他的对手。面对突如其来的变故，曹爽登时没了主意，不纳桓范南下许昌，再图发展的策略，竟然相信司马懿永保富贵的承诺，乖乖地进城投降了。

司马懿一不做、二不休，果断诛灭曹爽集团。不过，他并没有扩大迫害范围，放过了辛敞等人。王沈、裴秀等曹爽故吏只是被免职，没有再行加罪。没过几日，王沈找到羊祜，感慨不已地说道：

"我总算体会到你那句话的意思了。"

"唉，这也是我始料不及的啊。"羊祜谦逊地说道。

故地重回

羊祜的岳父夏侯霸任右将军、征蜀护军，受征西将军节制。不料高平陵之变以后，征西将军夏侯玄被调入朝，改由雍州刺史郭淮接任。

这个微妙的人事变动让夏侯霸很是不安。夏侯玄是夏侯霸的堂侄，也是曹爽倚重的大臣，这意味着司马家族不仅要清理朝堂，更要收缴兵权。而夏侯霸与郭淮不和，如今受制于人，难免左右掣肘。

思来想去，夏侯霸决定投奔蜀汉，因为他想到了自己的堂妹。当年，夏侯霸堂妹外出砍柴时偶遇蜀汉名将张飞，张飞娶其为妻，后来生了两个女儿，都被后主刘禅纳为皇后，地位甚是尊崇。

想到此处，夏侯霸下定了决心，他一面派出亲信，送信给蜀汉大将姜维，一面率领亲随星夜出奔。

夏侯霸降蜀的消息传到洛阳，犹如巨石投进平静的池塘，立刻激起轩然大波。朝臣们纷纷主张，将夏侯霸留在都城的亲族灭门，以儆效尤。然而司马懿并没有深究此事，大概是考虑到夏侯渊的功勋，夏侯霸的母亲丁氏又是魏武帝曹操原配丁夫人的胞妹，只是将夏侯霸的儿子贬到偏远的乐浪郡（今朝鲜平壤）。

然而无论如何，权力的天平已经绝对地倾向司马氏，夏侯氏在洛阳的地位大不如前。从前人来人往，车马不绝如缕，如今真可谓是门可罗雀了。

这个时候，羊祜却对夏侯氏格外殷勤，亲自将夏侯夫人送去陪伴母亲，自己也经常往夏侯府上跑，给予力所能及的帮助。不仅夏侯夫人感激涕零，岳母丁夫人也慨叹羊祜的仁厚。

司马懿去世后，司马师继承了司马家族的全部权力。他沉着坚强，雄才大略，做起事来往往心狠手辣，毫不留情。

魏帝曹芳感受到来自司马师的压迫，常常心怀不安，于是暗中联络何晏、夏侯玄、李丰等人，试图发动政变，废除司马师。消息泄露后，司马师先下手为强，果断杀害何晏、夏侯玄等人，并且废曹芳为齐王，另立高贵乡公曹髦为帝。

司马师擅行废立激起名将毌丘俭的强烈不满。毌丘俭早年深受魏明帝知遇之恩，加之和夏侯玄、李丰等人关系要好，两人被害令他深感愤怒不安，总感觉司马师早晚会对自己下手。

正元二年（255）正月，毌丘俭、文钦宣称得到郭太后手诏，举兵讨伐司马师。司马师抱病亲征，采取消耗战，围而不打，使得毌丘俭军心涣散，不战而败。然而文钦之子文鸯为报父仇，率兵偷袭，致使司马师受惊过度，使其本有瘤疾的眼睛震出眼眶，不久便疼痛而死。

王旗变换之际，羊祜却远在家乡，躲开了是非，躲开了血腥。蔡夫人不幸病逝，羊祜急忙赶回泰山郡奔丧。谁知母丧未竟，兄长羊发又哀痛过度，撒手人寰了。

悲痛次第而来，几乎让羊祜无力招架。处理完母亲和兄长的丧事，羊祜感觉自己忽然间老了许多。

夏日的夜晚，独自坐在院子里乘凉，不远处的池塘里传来阵阵蛙鸣，唤起少时的记忆。回头看看窗户，蜡烛已灭，夫人和女儿都睡着了。羊祜索性走出院子，踩着月光信步徐行。

他的耳边时常响起姐姐所说的话。母亲、姐姐、婶娘都在的日子多么平静幸福，如今只能在回忆里找寻了。想到这里，羊祜轻轻地摇了摇头。

有时灯下枯坐，暗暗思量朝局，羊祜发现自从高平陵政变之后，曹魏皇权日渐衰微，司马氏的权势已经无可阻挡了。

天道轮回！

这四个字突然跳出到唇齿间，犹如闪电照亮羊祜的脑海。想想曹氏家族夺取刘氏的江山社稷，再到今天司马氏夺取曹魏的宗庙，历史轨迹真是如出一辙。曹魏？还是司马？身处其间，真是两难。若说当初曹丕逼迫汉献帝禅位不对，那么这个国家本身就得来不正啊，何必保它？若说曹丕做得对，那么有人模仿曹丕加冕不也是对的吗？

唉，真是不可说，也不可想啊。

近日闲来无事，羊祜便经常带着女儿来汶水边玩耍，给她讲小青龙和三公主的故事。一天午后，羊祜正陪女儿捕蝉，忽然迎面走来一个拄着拐杖的长者。看见欢乐的父女二人，那长者立定脚步，怔怔地观望。羊祜发现了老人，礼貌地挥手致意。

　　这时，老人快步走上前来，上上下下打量着羊祜。羊祜有些不明所以，问道：

　　"敢问老丈从何而来，可是本地人氏？"

　　"哈哈，你不用问我从哪里来。我只问你可是羊叔子？"老人好像认识羊祜的样子。

　　"晚生正是羊祜。"羊祜恭恭敬敬地答道。

　　"我刚从那边过来。"说着，老人转身指了指东北角。

　　羊祜家的祖坟就在那里。

　　看着老人欲言又止的样子，羊祜知道他还有话要说，于是支开女儿，平静地看着老人。

　　"恰好路过，顺道看了看你家的祖坟。我发现羊氏祖坟上紫气萦绕，那可是帝王之气啊。"老人郑重地说道。

　　"老丈慎言，这可是大逆不道啊！"听了老人的话，羊祜轻轻地上前两步，压低了嗓门说道。

"气无定居，唯有德者居之。我只说我之所见，又没教你如何为之，哪里就是大逆不道了。"老人显然是见过世面之人，气定神闲，根本不容置疑。

"那……敢问老丈，如何破解？"羊祜问道。

"破解？你是说破了这帝王之气？"老人大惑不解。

"正是！"羊祜斩钉截铁地说道。

"那还不容易，只消凿个口子，气自然就消解了。"说到这里，老人捋了捋胡须，定定地看着羊祜，继续说道："不过……"

"老丈但请直言！"老人似乎有什么顾虑，羊祜催促道。

"只是此气断了，羊家的子嗣也就绝了。"

说完这句话，老人飘然而去，留下羊祜呆呆地站在那里，半天没能挪动脚步，直到女儿过来，拉起他的手。

回家之后，羊祜把女儿交给夫人，自己抄起一把铁锹就冲了出去。他来到祖坟前，恭恭敬敬地磕了三个头，然后拿起铁锹，掘了个大大的洞口。

正在这时，身后忽然传来那个老者的声音：

"羊叔子有德，犹能为折臂三公！"

循声望去，羊祜只看见老人的背影渐渐远去，他想追上去问个究竟，却已然来不及了。放下铁锹，羊祜坐在坟前，心里揣摩着老人的话，"犹能为折臂三公"，真是想不透什么意思。

"唉！"羊祜轻轻地叹了口气，抬头看向河边。夕阳西沉，晚霞满天，余晖落在河面，映出血红色的波纹。

司马懿和司马师相继去世，朝政大权由司马懿次子司马昭执掌。司马昭早已听说羊祜的名声，于是派人征辟。

当郡上送来诏书的时候，羊祜犹豫不决。时光如白驹过隙，匆匆间羊祜已到中年，如果再不出仕，那自幼读圣贤书所为何事？可是朝局紧张，司马氏篡权的脚步越来越紧，这个时候进去，那不是往火坑里跳吗？

羊祜夫人对司马氏切齿痛恨，她的父亲被逼降蜀，堂兄被害，夷灭三族，曾经炙手可热的夏侯家族如今满目凋零。羊祜想到，若是自己再去投奔司马昭，无论如何也说不过去，再说司马昭能以真心相待吗？

既然拿不定主意，羊祜便写信给洛阳的婶娘，听听她的看法。辛夫人的回信很简单，只有四个字：路人皆知。

羊祜看完，心下了然。他知道婶娘的未尽之言是"司马昭之心，路人皆知"，这句话已经传到了泰山郡，真的是路人皆知了。

现在，洛阳上空阴云密布。很多地方都在传说河里打捞出宝鼎，隐约刻着类似"马"的铭文；有的地方传说枯井里飞出了黄龙，黄龙摆尾，直冲九霄，那自然是"飞龙在天，利见大人"。可是，世上哪有什么龙？偏偏赶在这个时候频频出现，明显是有人散布流言造势。

羊祜刚以母丧在身为由谢绝了司马昭的征辟，谁知朝廷的诏书又来了，拜羊祜为中书侍郎。既然是皇上的意思，羊祜就不能再拒绝了，于是带上妻女，赶往洛阳。

甘露之变

新帝曹髦爱好风雅，除了诗赋，还酷爱绘画。他经常召集文臣在太极东堂讲经，王沈被称为"文籍先生"，裴秀被称为"儒林文人"，其他如司马望、钟会等人也都经常陪侍，各有雅号。

羊祜偶尔在座，通过举手投足观察皇上，深切地感觉到当今皇上既有才华，又有胆识，只是性情有些急躁，越是着急做事，恐怕越是容易坏事。

如果皇上突然想起什么事，想见什么人，马上就会派人去传唤。裴秀任散骑常侍，钟会任黄门侍郎，奉侍宫廷，自然是随叫随到，司马望是外官，匆匆赶来时皇上已经没了兴致。于是，皇上专门赏赐司马望一辆追锋车，外加五名虎贲士兵，确保随传随到。

皇上对羊祜也是青眼有加，听说他被郭奕誉为"当今颜子"，一天特意把羊祜叫来宫中，问他对孔门高徒颜回的看法。

"臣以为孔门弟子三千，贤者七十二，最有可能继承孔子之学的便是颜回。此事孔子知道，其他弟子也知道，只是颜回不自知罢了。不知陛下以为当否？"

羊祜说完，皇上忍不住拍手喝彩，连声说好。

"朕问过很多大臣，不过很少有人能说得像你这么透彻。很好，很对朕的心思。这是朕刚刚写的《颜子论》，你看看吧。"

羊祜恭恭敬敬地接过皇上递来的文章，轻声诵读道：

"心不违仁，行无二过，用行舍藏，与同进退，听承圣言，罔有不喻，叙之于《易》，以章殊异，死则悲恸，谓'天丧己'。所以殷勤至于此者，圣人嘉美良才之效也。设使天假之年，后孔子没，焉知其不光明圣道，阐扬师业，有卓尔之美乎？百虑之所得，愚者有焉。愿后之君子，详览之焉尔。"

"陛下宏论，臣当铭记。"羊祜说道。

"羊祜，自明日起，你不用做中书侍郎了，改任黄门侍郎吧。"

皇上心里高兴，当即升了羊祜的官。

一次经筵，皇上问群臣对夏朝中兴之君少康和汉高祖刘邦的看法，非要说出孰优孰劣。

"夏朝本来已经衰败，少康聚集散落的大臣，重新光复了大禹的功绩。汉高祖来自田间，却能驱使天下豪杰，消灭了秦朝和项羽，建立大汉。两位君主都是雄才大略之人，不过功德总有高下，谁应该排在前面呢？"

听了皇上的问话，大臣们面面相觑，不知道应该如何回答。少康中兴和灭秦立汉都是了不起的壮举，哪有高下之分？

正在这时，只听荀顗（yǐ）率先说道：

"少康功德美好，不过他仍是中兴之君，可以和后汉的光武帝相提并论。想那汉高祖起于草泽之间，却能在数年之间开创大业，臣认为相较而言，汉高祖优于少康。"

皇上的目光在群臣之间扫视一圈，最后落在羊祜身上。羊祜正在低头思考，忽然意识到皇上在看自己，连忙抬起头来，谨慎地说道：

"臣也是这样认为。"

皇上点了点头，却又像是不太满意。

"少康出生于国家灭亡之后，他的身份早已降为奴隶，四处逃难也仅仅是保全自己，后来他能布施仁德，成功恢复了大禹的功业，如果不是极大的美德仁义，怎能建立这样的功勋？至于汉高祖嘛，他是趁着秦朝土崩瓦解之势，倚仗权术，凭借智谋和武力来成就功业，很多举动都违反了圣人的法度。作为人子，他多次让父亲深陷危难；作为君主，他却囚禁了贤明的宰相；作为父亲，他又忍心在乱军之中抛弃女儿，更不能保护好儿子。异地而处，他未必能如少康那样复兴大禹的功业。朕认为少康为高，刘邦为下。"

听到这里，羊祜彻底理解了当今皇上的心思。别看他年纪不大，志向却很高迈，那就是要做少康那样的中兴之主啊。少康复兴大禹的功业，今上要恢复什么，自然是魏武帝曹操那样的霸业了。

崔赞、钟毓等几个人还在坚持汉高祖优于少康，而荀顗、袁亮等人也听出了皇上的弦外之音，纷纷附和。中书令虞松说道：

"陛下以古为鉴，贯古通今，又以善言赞扬少康，令其光彩闪耀于千秋史册。臣等应该记下陛下的话，永远垂范后人。"

经筵结束后，大臣们边走边谈，赞扬皇上的英明卓识。

"陛下的才华足以媲美于陈思王（曹植），武德之盛足以比肩于太祖（曹操）！"

钟会边说边走，很快就把众人抛在了后面。羊祜默默地注视着钟会远去的背影，陷入了沉思：他会去司马府上吗？他会把自己的观念报告给司马昭吗？

时间过得飞快，转眼到了甘露五年（260）。这年正月初一，人们都忙着走亲访友，庆贺新年，洛阳城里洋溢着欢乐的节庆气氛。

大雪初霁，街上积雪尚未清扫干净，天地间纯白无瑕。说来也是奇怪，这天刚到正午时分，原本响晴的天空越来越暗，太阳逐渐变黑，最后竟然消失不见了。

"天狗吃太阳了！"

"要有血光之灾！"

"快躲起来！"

黑暗之中不见人影，不知从哪里冒出几声惊恐的喊叫。

日食过后，羊祜正要去拜见姐姐。羊徽瑜突然派人送来了口信。

"速来！"

羊徽瑜嫁给司马师之后，始终没有生育，后来只好过继司马昭次子司马攸为养子。司马师死后，年仅十岁的司马攸继承了舞阳侯的爵位，另辟府邸侍奉养母羊徽瑜。

羊祜和家人赶到侯府的时候，天色向晚。羊徽瑜早已准备好了丰盛的晚宴，一家人说说笑笑，享受着难得的团圆时光，其乐无穷。

饭后，羊徽瑜挥手屏退众人，单独留下羊祜。

"叔子，你觉得当今皇上怎么样？"

"据我观察，当今皇上英明睿智，假以时日，一定会成为明君！"

羊祜说的是心里话，他也赞同钟会对今上的评价。不料，羊徽瑜听了，什么也没说，只是轻轻地摇了摇头。

"我听说皇上还召见了镇东将军石苞，可有这回事？"羊徽瑜问道

"是。"羊祜答道。

"那你可知道，石苞出宫之后，去了哪里？"羊徽瑜又问，看到羊祜摇头，继续说道："石苞去了大都督府！大都督问他天子是何等样人，他说天子非比寻常。第二天，石苞就匆匆离开洛阳，前往扬州接掌兵权了。"

"哦，是这样。前些日子，皇上召集众臣，讨论夏少康和汉高祖的优劣。有几个人说汉高祖白手起家，胜过少康，陛下却大不以为然。"

羊祜对那次东堂之论记忆犹新。

"看来他是想中兴大魏啊。"羊徽瑜像是喃喃自语，又像是说给羊祜听："关键就在于你说的假以时日啊。目前来看，他没有这个机会了。"

"确实是这样。这些日子以来，我也总是在想

这个问题，只怕……"羊祜欲言又止。

"叔子，朝局明朗之前，你什么也不要说，什么也不要做！"羊徽瑜注视着羊祜的眼睛，不容置疑地说道。

羊祜重重地点了点头。

郑小同是经学大师郑玄之孙，负责教授皇上《尚书》，那天受皇上之命去拜见司马昭。两人说了几句话，司马昭起身如厕。回来后，司马昭指着案上的公文问郑小同有没有偷看。郑小同摇了摇头，简单地说了四个字：非礼勿视。司马昭仍不放心，竟然痛下杀手，将郑小同毒死，同时狠狠地说道：

"宁可让我对不起你，也不能让你对不起我。"

消息传开后，羊祜感到不寒而栗。大都督杀害侍中，这已经是明目张胆的挑战，隔在皇上和司马家族之间的窗户纸已被捅破了。

五月初六日，洛阳城上空乌云密布，街上微风不起，安静得吓人。

皇上派出内侍，紧急召见侍中王沈、尚书王经和散骑常侍王业。内侍出宫已久，迟迟不见回来禀报。

皇上焦急地来回踱步，不时到殿门口看看天色。

啪嗒！

鸡蛋大的冰雹敲打着殿顶的琉璃瓦，很快落满一地，白花花犹如散落的珍珠。皇上伸手捡起几颗冰雹，紧紧握在手里，直到融化成水。

冰雹过后，便是倾盆大雨。

王沈、王经、王业终于来了。

"司马昭之心，路人皆知！朕不能坐等被废，今天就要亲自出宫讨伐！"

听了皇上的话，几位大臣都惊呆了。这几句话犹如殿外的暴雨，刹那间淋湿了他们的心。

"陛下，请让臣说句话吧。春秋时期，鲁昭公忍受不了季氏专权，也曾大张挞伐，结果落得失败的下场，被天下人耻笑。再看我朝，司马昭掌权已经很久了，朝廷内外的大臣只知有他，而不知有陛下，也非自今日始啊。陛下，宫中缺少兵力，只怕讨伐不成，反倒自取其辱。祸福难测，万望陛下慎重。"

王经说完，王沈和王业面面相觑，也在旁边附和，一个劲儿劝皇上三思而后行。

皇上哪里听得进去，从怀中拿出黄绢诏书，狠狠地扔在地上，斩钉截铁地说道：

"死了又有什么可怕！何况，还不一定死呢！"

正在这时，前往陵云台安排兵甲的仆射李昭、黄门从官焦伯等人跑来听命。

"陛下，怎么办？"李昭问。

"成败在此一举！"皇上还是很坚决。

"陛下，车马士卒都淋湿了，还是改日吧？"

看着垂头丧气的士兵，皇上也犹豫了。

"既然陛下心意已决，臣等自当全力以赴。今夜大雨，行事多有不便，不如等到明天？"

王沈看了看湿淋淋的李昭和焦伯，又看了看年轻的皇上。他知道事情已无法挽回，于是劝说皇上明天再行动。

皇上交代大家回去准备，自己进内宫禀告郭太后。他哪里知道，王沈和王业刚刚冲出宫殿，径直冲向都督府，禀报了司马昭。

第二天，皇上拔剑登车，亲自率领几百名卫兵和奴仆，呐喊着冲出宫门。此时此刻，司马昭的弟弟司马伷和心腹贾充也已检点兵马，朝着皇宫进发了。

两路人马在东止车门遭遇。

"这是天子车驾，谁敢阻拦？"李昭大声怒斥。

司马伷的兵士看着怒气冲冲的天子，一时间也弄不清状况，只好讪讪地逃走了。

皇上继续前进，赶到皇宫南阙的时候，遇到了贾充的队伍。皇上一边亲自拼杀，一边厉声警告说：

"天子讨伐逆贼，谁敢轻举妄动，诛灭三族！"

贾充这边的队伍都被天子的威风震住了，纷纷放下兵器，站在道旁观望。眼看阵脚要乱，太子舍人成济连忙请示贾充。

"事情紧急，怎么办？"

"养兵千日，用兵一时。司马公平日待你们可不薄，今日之事，没什么可问的！"

得到贾充的命令，成济心里有了底，立刻抽出长戈，猛刺而去，戈刃刺穿了皇上的身体。

羊祜和大臣们听到消息，赶到南阙的时候，司马昭已经仆倒在地，嚎啕大哭起来："天下人该怎么议论我啊！"

太傅司马孚拉过皇上的头，放在自己腿上，哭喊着说道："陛下，这是我的罪过啊！"

在场很多大臣都主张杀贾充来谢罪，司马昭却不舍得这个心腹之人，最后拿成济兄弟做了替死鬼。成济兄弟心里不服，索性脱光衣服，光着身子跑到屋顶，破口大骂司马昭，最后被下面的士兵射杀。

　　不知道为什么，羊祜的眼前总是浮现出皇上陈尸南阙的壮烈场景，偶尔还会想到高高的受禅台上，汉献帝将玉玺交给曹丕的场面。汉献帝和高贵乡公曹髦，究竟孰是孰非、孰优孰劣呢？

改天换日

不久以后，司马昭派儿子司马炎迎接燕王曹宇的孙子曹璜，作为继承人，改名为曹奂。十五岁的曹奂生性懦弱，深知自己的皇位是如何得来的，所以对司马昭恭恭敬敬，马上升他为相国，加封晋公，增加食邑到十郡。

公元263年，司马昭向蜀汉发起全面进攻，邓艾率领三万人马牵制姜维，诸葛绪率领三万人马切断姜维后路。钟会作为主将，统兵十万出褒斜道、傥骆道，直指剑阁。就在双方对峙的时候，邓艾趁机偷袭阴平道，直抵成都，迫使后主刘禅举国投降。

各路大军的报捷奏书如雪片般飞向洛阳，司马昭正得意洋洋，不料洛阳城里传出种种流言蜚语，很多人都在议论钟会将要造反。司马昭找大臣商量，主簿郭奕、参军王深认为荀勖是钟会的外甥，小时候又在舅家长大，因此劝说司马昭首先贬走荀勖。司马昭没有相信，还让荀勖和自己同车而行，待他如初。

"钟会这个人性情乖张，不是恩义能收拢的人，大将军应该早作戒备。"

面对司马昭的信任，荀勖感动不已，说出了心里话。

司马昭又问羊祜怎么想。

羊祜想起婶娘辛宪英的话，"钟会处事恣意放肆，不是久为人下的态度，恐怕早晚会有异志。"于是照实告诉了司马昭。

这时，司马昭不再犹豫，亲自出马，镇守长安。蜀中形势如弈棋，一幕幕闹剧如走马灯般上演。先是钟会将邓艾父子押送京师，随后联合姜维谋反，结果引发兵变，自己也死于乱军之中。

三国鼎立去其一，司马昭也因为灭蜀的功劳加封为晋王。羊祜深得司马昭信任，被拜为相国从事中郎，得以与荀勖、裴秀共掌机密。等到司马昭去世，司马炎继承王位，羊祜也随之升任中领军，得以统领宿卫，在皇宫当值，成为晋王信任的重臣。

魏帝曹奂已经是事实上的傀儡，只能眼睁睁地看着司马炎筹划大事。风暴将至，那是谁都无能为力的了。石苞和陈骞等人多次劝说司马炎进位称帝，因为曹魏气数已经尽了。

咸熙二年（265），司马炎便急不可待地逼迫曹奂禅位，建国号晋，改元泰始，同时追尊祖父司马懿为宣皇帝，伯父司马师为景皇帝，父亲司马昭为文皇帝。

西晋开国后大封功臣，石苞迁任大司马，羊祜也因扶立之功而进位为中军将军，加散骑常侍，进爵为郡公，食邑三千户。他向来为人谦退，同时也害怕引起权臣贾充等人的猜忌，于是再三辞让，最后封为钜平侯。

荀勖本来也被封为济北郡公，眼看羊祜这么谦虚辞让，也见样学样地辞让公爵，只接受了济北郡侯的爵位。

晋武帝司马炎对羊祜格外垂青，特意下诏加封。

"羊祜德操清美，忠贞而坦诚，纯正而才高，是文武兼备的人才，为人又很正直，虽在宫廷任要职而不掌管国家机要，这不符合圣君必委任贤人垂拱无为而治天下的要义，现任羊祜作尚书右仆射、卫将军，配置本营军队。"

石苞迁任大司马后，奉命镇守淮南。他勤于事务，以德服人，很受士卒爱戴，然而淮北监军王琛却看不起石苞出身低微。原来石苞是渤海南皮人，早年流落长安，以打铁为生，偶然遇到司马懿，这才被推荐为尚书郎。

泰始四年（268），淮南地区流传出奇怪的童谣："宫中大马几作驴，大石压之不得舒。""宫中大马"自然是指当今天子司马炎，"大石"便是石苞。王琛听到童谣后喜不自禁，连忙密奏朝廷，诬陷石苞暗通东吴，企图谋反。

司马炎接到密奏，将信将疑，连忙召集大臣商议。大臣们你看看我，我看看你，竟然没有人出班说话。这时，羊祜站起身来，清了清嗓子，大声说道：

"陛下，臣以为谣言止于智者，单凭区区童谣便怀疑大臣，此非明君所为。据臣所知，石苞早年受知于高祖宣皇帝，后来追随世宗景皇帝、太祖文皇帝，屡建功勋，从未有过居功自傲之举。我朝开国，陛下又推诚相待，石苞断无通吴之理，还望陛下明察！"

　　后来，石苞回到洛阳，觐见司马炎，特诏以乐陵郡公的身份回到府第。前前后后，石苞都没有怨恨司马炎的怀疑，反倒以自己没有尽到职责而深以为耻。经过这番风波，司马炎终于相信了羊祜的判断，于是任命石苞为司徒，位极人臣。

　　有一次退朝出宫，石苞遇见羊祜，正要开口言谢，羊祜却以拜见上官之礼相见，礼毕便飘然而去了。

下荆州

蜀汉已灭，魏国也变成了晋国，三国争霸的局面发生了重大变化。正当晋武帝司马炎积极筹划灭吴之战的时候，东吴皇帝孙皓却主动发起了攻击。

泰始四年（268），孙皓亲率大军，屯驻东关（今安徽含山西南），同时命令左大司马施绩攻江夏，右丞相万彧攻襄阳，丁奉和诸葛靓率军进攻合肥。

一时间战云笼罩，大有山雨欲来风满楼之势。司马炎坐镇洛阳，派义阳王司马望率领两万大军，驻扎龙陂，授予他假节（假以符节，持节），都督各路兵马。大将胡烈、司马骏很快击败了施绩、丁奉，孙皓遗憾地铩羽而归。

风波平息后，司马炎加强了对东吴的防御，任命大将军卫瓘、司马伷分别镇守临淄、下邳，然后召见羊祜。

"吴主猖狂，这次大败而去，肯定还会卷土再来。东南重任，朕要委派可靠之人，爱卿意下如何？"司马炎试探地问道。

这句话意思非常明显了，那就是让羊祜担当对抗东吴的重任，做好灭吴的准备。

"国之大事，臣不敢辞，愿为陛下分忧！"

羊祜说得非常坚决。尽管从未带过兵打过仗，尽管从未想过要坐镇一方，然而当责任摆在他的面前时，羊祜当仁不让地将其承担起来。

司马炎看到羊祜态度坚定，更加意识到自己选对了人，于是正式任命羊祜为荆州诸军都督，假节，同时也保留散骑常侍、卫将军的原官不变。

荆州！

关羽殒命于此！刘备兵败于此！这里曾是三国争霸的焦点，如今一分为二，晋国驻守襄阳郡新野县，东吴驻守长江以南的江陵。双方明争暗夺，势均力敌，这里必定是晋吴终极之战的前沿。

羊祜承担起了灭吴重任。

羊祜知道荆州的重要，为了对荆州形势更加了解，他特意前去拜访了裴秀。

裴秀比羊祜年轻三岁，出身于鼎鼎有名的河东裴氏，自幼聪明，品德出众。他的生母出身卑微，嫡母宣氏对她很是无礼，曾让她给客人端饭上菜。客人见了反倒心怀歉意，纷纷站起来行礼。

裴秀母亲说："客人能向我行礼，那都是因为小儿的缘故啊。"后来，裴秀嫡母宣氏知道了这件事，也就改变了对她的看法，不再轻视了。长大之后，裴秀得到名士毌丘俭的赏识，推荐给了曹爽，曾与羊祜共掌机密。羊祜和他很是亲近，经常探讨学问。

到了裴秀家，羊祜发现他的书案上铺着《禹贡地域图》，裴秀正埋头在古籍间，苦苦钻研，外面来了客人也不知道。

羊祜顺手抄起案上的图纸，轻声念了出来

"制图六体……"

"哦，叔子来了。"

"季彦，请问何为六体？"

"绘制地图可不简单，它有自己的规矩，这些规矩总结起来就是六体：分率（比例尺）、准望（方位）、道里（距离）、高下（地势起伏）、方邪（倾斜角度）、迂直（河流、道路的曲直）。前三体最为要紧，后三体主要是考虑地形的起伏变化。"

"原来如此！那我来对了。季彦，我要请你给我画地图。"

"什么地图？"

"陛下派我出镇荆州，自然是荆州地图了。"

"兵法有言，'夫地形者，兵之助也'。大将未出，先求地图，陛下果然没有选错人啊！"

裴秀感慨地说着，转身抱来一大摞地图，堆放在羊祜面前，然后一一展开。羊祜瞪大眼睛，激动地俯下身子，认真观看。裴秀抱来的共计十八幅地图，分别是十六州图和吴、蜀两地图。

看来看去，羊祜盯住荆州图，目光便不肯再移动了。

"季彦，别的我什么都不要了，这幅荆州图一定要让我带走！"

"哈哈哈，那可不行。这些图要上缴秘府。你要带走，必须得到陛下恩准。不过，凡事皆可从权，我只好连夜再为你临摹了。"

"那就有劳了。"

"别急，别急。这些图都是死的，行军打仗，还是要活起来。"

"你是说活地图，世上哪有此物？"

"你可知道后汉马援？"

"伏波将军，这个谁人不知？"

"马援堆米为山的典故，你可知道？"

"还请赐教。"

"建武八年，光武帝亲征叛将隗嚣，无奈西北地区山势险峻，进军不便，难以追击。马援当着光武帝的面聚米为山谷，指画两军形势。光武帝高兴地说，敌人都在我眼中了！"

"太好了，太好了！有了季彦这番指教，东吴也在我眼中了！"

羊祜激动地拉着裴秀的手，哈哈大笑。

临行之前，羊祜去看望婶娘，还送去华丽的锦被。那天辛夫人身体欠安，听说羊祜来辞行，强撑病体坐起来。

"叔子，你又何必买这么贵重的东西呢？"

辛夫人抚摸着侄儿送来的礼物，既高兴又心疼。

"想起婶娘还没享过侄儿的福，侄儿常常觉得愧疚难安。"

"哪里的话，我能看着你长大，已经是天大的福分了。吴主孙皓暴虐不仁，眼看就要众叛亲离，你这番南下荆州，必定能够建立不世之勋，婶娘等着你的捷报。"

"侄儿此去，婶娘还有什么要嘱咐的吗？"

"叔子啊，如今你能主持一方局面，早已成为国家栋梁，哪里还用婶娘来教，无非是像诸葛武侯那样止戈为武，攻心为上罢了。"

"侄儿记下了。婶娘多保重。"

辛夫人由侍女搀扶，一直送到门口，羊祜再三劝说，这才依依不舍地挥手作别。

万万没有想到，这一别竟成永诀。羊祜刚到荆州不久，便接到了姐姐的来信：婶娘去世了！

羊祜手里拿着信，默默无言，任凭泪水滑落。恍恍惚惚之中，眼前浮现出婶娘慈爱的面容，仿佛正伸出手来，爱怜地抚摸他的头顶。他无力地伏在案前，右手渐渐攥紧信纸，揉成了团。仿佛只有这样，才能将这消息消灭于无形无影。

"婶娘！"

这次荆州之行，他本想按照婶娘的教导，为国建功好让婶娘骄傲。然而这一切都不可能了……曾几何时，小羊祜依偎在婶娘身旁，听着小青龙和三公主、楚汉相争、汉末群雄的故事，天真烂漫地提着傻傻的问题，那真是天赐的时光啊。如今，讲故事的人走了，听故事的人也老了。

那一夜，羊祜伏在案前睡着了。梦中全是童年的身影，夜深人静时忽然醒来，竟不知今夕何夕，更不知道身在何方了。

不舞之鹤

　　三国鼎立时代，荆州是曹魏、孙吴、蜀汉的争夺焦点，关羽镇守江陵，北上襄阳，擒于禁，斩庞德，威震华夏。曹操不得不撤出汉中战场，因为打通襄阳、南阳这条通道之后，洛阳等于门户洞开，再也无险可守。

　　现在三国变两国，荆州的重要性丝毫不减。如果东吴攻打晋国，只要沿着当年关羽的路线打过去，照样可以兵临城下；如果晋国攻打东吴，只要拿下江陵，那就可以沿着长江顺流东下，直指东吴都城建业。

　　羊祜很快就把裴秀的荆州地图看得烂熟于胸，当然他不想学赵括那样纸上谈兵，只要公务不忙，他就会带上三两个随从，策马巡视，熟悉山川地理和风土人情。

那天，羊祜在汉江边上策马徐行，看着浩浩荡荡的江水，忽然若有所思。

"我可以往，彼可以来，曰通。通形者，先居高阳，利粮道，以战则利。"

听了羊祜的吟诵，旁边的参军刘佥说道：

"将军吟诵的可是《孙子兵法》？"

"不错。襄阳北通南阳，南接江陵，没有崇山峻岭做依靠，真要打起仗来，我们凭什么取胜呢？"羊祜像是在问刘佥，又像是自言自语。

"这个嘛，自然是将军筹划，将士用命。"刘佥答道。

"你说的不错，不过这是双方接战以后的事了。你可知道，打仗打仗，自古以来打的就是钱粮。我去粮仓检点过了，粮食少得可怜，将士们饿着肚子怎么打仗？当地百姓民生艰难，又如何支撑得起两国决战？"

"这……"

刘佥万万没想到羊祜思虑这样深远，仓促之间无言以对。

回到衙署，羊祜马上召集刘佥、赵寅、刘弥、孙勃等人，商议屯田的事。

"诸位都是饱读诗书之士，我来问个问题。后汉末季，天下大乱，袁绍在河北，袁术据淮南，魏武帝夹在中间，并不强势，后来南征北战，定鼎天下，他凭借的又是什么呢？"

各位参佐面面相觑，不知道都督的葫芦里卖的是什么药。刘佥听羊祜说过粮食的事，心里有数，这时也不敢点破，只是低头不语。

"依属下拙见，魏武帝挟天子以令诸侯，当然能号令天下，征讨不臣。所谓出师有名就是这个意思。"赵寅回答道。

"属下以为魏武帝最能延揽人心，左右文臣武将都是一时之选，二袁自然不能与之相抗。"孙勃说道。

"不错，两位说的都有道理。不过我读史书，却发现了这样的趣事。"羊祜面带微笑，徐徐扫视众人一圈，继续说道："自黄巾举事到董卓造逆，天下十室九空，正如陈思王（曹植）所说，'中野何萧条，千里无人烟'。我的家乡就是谷价暴涨，一斛高达五十万钱，谁能买得起啊，卖儿鬻女和吃人的事时有发生，可谓惨绝人寰。百姓果腹尚且不能，诸侯筹粮自然困难，袁绍的队伍常常断粮，士卒以野枣桑葚充饥；袁术的队伍也有士卒挖取河蚌为食。请问诸位，这样的队伍能打胜仗吗？"

听了羊祜的分析，各人都频频点头，显然是被羊祜独特的分析吸引住了。

"将军广闻博识，实在令人佩服，属下还是第一次听说。"刘伶说道。

"请问将军，魏武帝又是如何解决缺粮的呢？"刘弥问道。

"问得好！想必诸位都听过魏武帝割发代首的典故吧？那是建安三年夏天，魏武帝兵发宛城，讨伐张绣。当时麦子熟了，魏武帝下令说，凡是践踏麦田的一律斩首。将士们都牵马而行，当然魏武帝没有下马。不料，麦地里忽然飞起一只斑鸠，坐骑受惊，蹿进了麦田，踩倒了一大片麦子。前脚刚刚颁令，后脚自己却违反了，魏武帝跳下马来，拔出佩剑，就要亲自执行律令，旁边的谋士们连忙劝阻。郭嘉说道，《春秋》有言'法不加于尊'，丞相还要统率大军，怎能自杀，令三军无帅呢？魏武帝听了郭嘉的话，割下一绺头发，算是自我惩罚。"羊祜说道。

"魏武善诈，割发代首无非是做做样子罢了。"赵寅笑着说道。

"固然是诈，却也说明魏武帝对粮食的看重。不过，单是惜粮悯农还不足以解决大军的粮食问题，当时有谋士枣祗（zhī）首倡屯田，将无主的农田收归国家，招募流民，分给土地、种子、耕牛和农具，收获之后，国家和屯田之民分成，第一年就收入百万斛粮食。魏武帝眼见得成效显著，于是下令推行全境，这样的军队怎能不胜？"

"看来都督已经深思熟虑，请问我们该如何施行？"刘侩问道。

"我想与诸位约法三章：第一，明令将士爱护农户农田，不得擅自骚扰；第二，全军将士一分为二，一半垦荒种田，一半操练巡视，半年交替；第三，没有三年存粮，不得言战。违令者斩！"

屯田令发出之后，羊祜身先士卒，亲自扶犁耕地，播种插秧。农忙时节，他会带领士卒到田间，帮助百姓收割。

当地百姓从未见过这样的高官下田耕种，起先甚是惊讶，还有些不知所措，后来见到羊都督平易近人，亲切和善，也就熟悉起来，有事没事都愿意往他身边凑。

"大都督真是好人啊！"

"大都督小时候种过田吗？"

这个问题把羊祜问住了，他望着远处，似乎想起了童年。

"我小时候还真没种过田，今日方知稼穑之艰难啊。不过，像今年这样的丰收年，再苦再累也值了，大伙说对不对？"羊祜说道。

"那是，那是，羊公做我们的父母官，保证不会横征暴敛，我们心里踏实啊。"一位长胡子的老者说道。

羊祜听了老者的话，微笑着点了点头，正要起身，忽然闻到香喷喷的味道。循着味道望去，只见几个士兵正在树下嬉戏，冒出浓浓的烟雾。走近一看，原来是在烤麦穗。

羊祜勃然大怒，厉声喝道：

"来人啊，给我绑了，明日问斩！"

听到这声霹雳般的怒吼，不光那几个士兵愣在当场，周围的将领和百姓也都蒙了，怀疑自己听错了都督的话。

"刘侩，没听见军令吗？"

刘侩这才冲上前来，命人将那几个烤麦穗吃的士兵绑了个结结实实。正要推走，奇怪的事情发生了。田间劳作的农夫们纷纷跑过来，呼啦啦跪在羊祜面前，替那几个士兵求起情来。

"大都督，这几个兵也不是作恶多端，没有恶意啊！"

"羊公，他们就是干活累了歇口气，怎么能处斩呢？"

"是啊是啊，反正也是要交军粮嘛。"

"羊公，我活了这把年纪，从未见过如此爱惜民力的官长，从未见过帮助百姓的队伍。杀几个人不要紧，可是这会寒了士卒的心，也让军民有了隔阂啊！"

听了长胡子老者的话，刘伶等人也围在羊祜身边说情。

"都督，这位老丈说得有道理，还是从轻发落的好。"

羊祜弯下腰，轻轻扶起老丈和其他跪在地上的农夫，然后冲着刘伶挥了挥手：

"看在老丈和诸位父老求情的份上，死罪免去，每人杖责三十，以儆效尤。"

羊祜严明军纪，对自己也更严格。按照荆州当地的风俗，如果前任长官是死在任上，继任官会觉得不吉利，首先就要毁掉官府的旧房舍。当部下禀报毁坏房舍，重建新房的时候，羊祜很惊讶，觉得非常荒唐。

"各位难道没听过吗？死生有命。只要我羊祜行得端，走得正，上不负天子，下不愧百姓就行了。官舍无非是木石罢了，焉能干涉人事？从今而后，凡我荆州境内，严禁此类荒唐之举。"

除了馆舍尽量简易，羊祜也减少了府邸的卫士和随从，有时外出打猎也只带三两个人。

一天夜里，羊祜处理完公务，忽然想到军营外走走，于是披上长袍，信步来到门口。不料，守门人却伸出长戟，拦住了羊祜。

"干什么？"羊祜惊讶地问道。

"天色已晚，为了都督的安全，我不能让都督出门。"守门人说道。

"我只是随便转转，很快就回来了。"羊祜说道。

"都督身肩重任，怎能这样随心所欲地放纵自己，因为将军的安危就是国家的安危。除非我死了，否则今夜此门绝不会开。"

守门人说出了自己的理由，羊祜听了，觉得很有道理，不由得仔细看了看那个守门的士兵，问道："你说得不错，那我就不出去了。你叫什么名字？是何职务？"

"在下名叫徐胤，任军司。"徐胤答道。

"哦，徐胤。"

羊祜轻轻地念着这个名字，转身回去休息。从此以后，羊祜便很少夜间出门。

垦田的事顺利进行，全军从上到下也都理解了都督的做法，个个奋勇，人人上进。羊祜看在眼里，喜在心头。他不喜欢鲜亮的盔甲，经常穿着轻便的皮衣，系着宽大的带子，巡视军营的各个角落，完全不像统率千军万马的武将，倒像是隐居在山水田园之间的书生。

有一次外出，羊祜发现林中有只白色的丹顶鹤，越看越喜欢，便让士兵轻手轻脚地靠近，捉回来养在府里。他想起曾看过仙鹤在雪地里翩翩起舞的情景，心里忽然冒出个奇妙的想法。

他故意让鹤挨饿，等到鹤忍受不住，仰天长鸣的时候，再在空地上放置食物。羊祜自己站在旁边摇头摆脑，像孩子似的手舞足蹈。卫兵们看着孩子气的大都督，忍不住捂着嘴巴偷笑。丹顶鹤闻到食物的美味，飞快地扑过来，竟然也学着羊祜的样子，使劲拍打翅膀，双脚乱舞，同时扬起脖子，发出高亢的鸣叫声。

每当这时，羊祜都会情不自禁地拍手大笑。

"妙，妙，妙！"

如此反复，不几天丹顶鹤已经熟悉了，只要看见羊祜拍手起舞，便也跟着起舞。兴致来了，羊祜会走近丹顶鹤，人鹤共舞，不亦乐乎。

机会来了。

秋去冬来，襄阳大地飘下漫天大雪。天刚蒙蒙亮，羊祜披上大衣，走出门外，看着满地的白雪，禁不住喜上眉梢，一面吩咐卫兵不要急着扫雪，一面连忙派人去请众位将军、太守，前来观赏鹤舞。

正午时分，客人们都来了，羊祜特意在庭院里摆开酒宴，邀请众人一道欣赏鹤舞。酒过三巡，众人正是酒酣耳热，羊祜叫人放出丹顶鹤，自己亲自端着食物靠近。

丹顶鹤怯生生地向前走了几步，看着面前那么多的陌生人，竟然再也不肯向前了。羊祜有些着急，连忙给丹顶鹤示范，又是拍手跺脚，又是旋转跳跃。丹顶鹤还是纹丝不动，慢慢地向后退缩。

"哈哈，这真是不舞之鹤啊！"

客人们有些失望。羊祜听了客人的话，也有点儿兴味索然，干脆叫人抱走丹顶鹤，放归山林了。

西陵之战

"不舞之鹤"让羊祜很没面子，却也给了他很大的启示。有的人徒有虚名，实则不堪重用；有的人默默无闻，其实是深藏才华。作为地方长官，如果能多多发现隐没的人才，那就是比打仗还重要的大事。

他详细考察了身边的几个参军，似乎都不太满意，不是太过柔顺，就是头脑太慢。想着想着，眼前忽然闪过那个拦住他不让出门的军司。

"军司叫什么名字？嗯，好像姓徐……徐胤！不错，此人执法如山，且能想到国之安危，实在堪当大用，不妨先做个参军，历练历练，将来定能独当一面。"

羊祜缓缓踱步，边走边想。这时，他的侄子羊暨疾步跑过来。

"叔父，朝廷有诏书！"

羊祜捧读诏书，原来是皇上嘉勉他在荆州治军有方，屯田有成，特命他即刻赴京，另有封赏。

"暨儿，天子召我进京。你马上去准备一下，我明天动身。"

"是，叔父。"

羊暨正要出去，羊祜又叫住了他。

"王濬这个人，你可有耳闻？"

"侄儿略有耳闻，王濬小字阿童，弘农人士。据说此人容姿俊美，博学多闻，就是……就是自视甚高，不修品行，颇为乡人不齿。我还听说他修建宅第的时候，曾在门前修了数十步宽的大路。别人都说路太宽了，怕是没用。王濬却说这条路将来要走高举长戟幡旗的仪仗队伍。别人都笑他，他还拿陈胜的话取笑众人，燕雀焉知鸿鹄之志。"

"哈哈哈，不错不错，这事我也有所耳闻，的确是疏阔之人。我还听说他任河东从事的时候，为官公正严明，很多贪官都望风而逃。太守徐邈的女儿才貌俱全，只因眼光太高而老大不售。徐邈便想了个办法，大宴同僚，并让女儿偷偷观看。不过是看了几眼，徐家小姐便告诉母亲，看中了王濬。于是，徐邈便把女儿嫁给了王濬。"

"那叔父的意思是……"

"我相信徐家小姐的眼光。王濬胸怀大志，敢于执法，这才是做大事的人啊。这次进京，我想在陛下面前举荐此人，最好能带回荆州。"

"此人志大才高，如果不能善加节制，恐怕……"

"世上哪有完美之人，只要用其所长，避其所短就行了。"

这次特旨召见，除了显示对羊祜的恩宠和信任，司马炎更多地表示出对荆州局势的担忧，因为西北地区出了大乱子，平吴之战恐怕很难在短时间内完成了。

从泰始四年起，河西、陇西等地连年遭遇大规模旱情，民众无以为生，民心不稳，再加上当地胡汉混杂，局势骤然紧张起来。朝廷派悍将胡烈为秦州刺史，谁知此人不知安抚民众，却强行镇压，引发当地百姓不满。鲜卑首领秃发树机能趁机聚集部众，正式反叛朝廷。胡烈也兵败身亡。

"唉，这次秦凉之变，都是朕用人不当所致。西北缺少你这样的能臣去治理，不过朕也不会动摇决心，你还是回任荆州，继续执行大计。"

"西北边陲，纵然小有风波，毕竟后继乏力，想必不致影响全局，陛下不必过虑。"

"好，这次回荆州，你想要什么？"

"陛下，臣想要一个人。"

"谁？"

"王濬。"

司马炎准了羊祜的请求，任命王濬为大都督参军，协助办理荆州军务。羊祜回家不久，皇上的诏书随即送到，原官之上又加车骑将军，金印紫绶，开府仪同三司。王濬也随之迁为车骑将军从事中郎。

羊祜为人谦退，他深知自己到任以来，并没有建立多大的功勋，骤然间蒙受皇上如此厚赏，只怕招来朝官们的闲言碎语。孔子云"德不配位，必有灾殃"，何况车骑将军又是仅次于大将军、骠骑将军的重要武职，位次同于三公呢。

细思良久，羊祜决定上疏辞谢。一灯如豆，羊祜端坐如仪，恭恭敬敬地写道：

"臣恭敬地看了加恩的诏书，陛下提拔臣与三公同等。臣自从出仕以来才十几年，担当朝廷内外的重任，官职显赫而重要，但是臣常常日夜不安，荣耀也变成了忧愁，因为臣的才智没有增进，不可久居过当的恩宠。古人有言，没有令人心服的品德而加官晋爵，那就会使有才能的大臣不愿奋进；没有为国立下功勋而享受厚禄，那就不能鼓励愿意为国出力的臣民。臣身为外戚，不必担心不受重视，而臣所做之事关系国家时局，应该警惕过度恩宠。如今陛下给予臣超常的荣誉，臣的功劳实在不足以担当，于心何安？德不配位，必将从高处跌落，那时仅仅想守住先人的陋室也不可能了。如果违抗诏命，那是忤逆天子；如果违心从命，臣又是如此犯难。古人尚且知道为臣之节，能进则进，不可进则止。微臣不才，也不敢忘记前人训诫，不忘此义。

现在，天下归晋已经八年了，臣未能推举有德之人，引荐有功之士，使陛下知道胜过臣的人还有很多，没有进入仕途的贤人仍然不少。假若还有像傅说、吕尚那样的贤人被遗漏在乡间而朝廷却不以枉用臣为非，臣自己窃居高位而又无愧，那么朝廷的损失不是太大了吗？臣窃居官位很久了，然而从未像今天这样受朝廷信任，兼任文武要职。虽然臣的所见狭小，却也知道光禄大夫李憙高风亮节，公允正直；光禄大夫鲁芝洁身寡欲，与人为善又不随波逐流；光禄大夫李胤清廉、简朴而坦诚，效力国家，坚守为臣之礼从不逾矩。他们历任内外要职，然而清廉简朴一如寻常百姓，都没有荣获我这样的尊宠。如今臣超过他们，岂不是辜负天下人的期望？因此，臣决心坚守臣节，不愿在顷刻间得此高位。当今天下一统的目标还未达成，边疆战事时有发生，臣乞求保持原来的职务，迅速回到荆州，继续屯垦戍边。如果在京城留连日久，那么在对付敌国方面必将有所耽搁。这是我的肺腑之言，臣恳请陛下恩准。"

然而皇上没有同意羊祜的辞让，却重用了他举荐的三个人，李憙、鲁芝、李胤。等到准备离开洛阳、重返襄阳的时候，羊祜让羊暨烧掉了自己的上疏。

"叔父，这些可都是贵重的文书啊，为什么要烧掉？"羊暨大惑不解地问道。

"留存于世，难免为人所知，那就不好了。"羊祜静静地说道。

"侄儿不明白，这有什么不好，叔父为国举贤，这不是大臣的美德吗？"羊暨说道。

"你说得不错，我是为国举贤，皇上从我这里知道了贤者，加以任用。我的目的也就达到了。"羊祜说道。

"侄儿还是不明白，总觉得叔父这样做有些过于谨慎。"羊暨说道。

"并非如此，现在一般人在你跟前促膝谈心，像是很亲近，一出门就说坏话，所谓君臣之间不守密的训诫，我怕是自己还没做到呢。身居要位而不荐拔贤才，岂不是在知人问题上有愧吗？再说，你跟我这么久，难道还不知道我最不齿的就是拜官公朝、谢恩私门吗？传扬出去，终究不是什么好事。"

回到襄阳后，羊祜得知，东吴的荆州都督已换成了陆抗。

"陆抗！东吴丞相陆逊之子。"

这个消息对羊祜来说是不小的打击。陆抗之父陆逊是东吴著名的儒将，当初昭烈皇帝刘备为给义弟关羽报仇，举全国之兵讨伐东吴，东吴形势危在旦夕。陆逊引兵据战，夹江对峙，却又严令将士不得主动出击。刘备远道而来，求战不能，粮草转输困难，加之天气酷热，军中爆发疾疫，士卒苦不堪言。为了躲避酷热和取水方便，刘备命令全军到山谷密林中安营扎寨。陆逊趁机放火焚烧，火烧连营七百里，一举击溃刘备大军，令蜀汉大伤元气，刘备也愤愤死于白帝城。

陆逊就像棉花，刘备的铁拳打过来，完全使不上力气。这样的将军最可怕。羊祜不怕猛将、悍将，设身处地替刘备想想，只是想不出破解陆逊的办法。如果陆抗也继承乃父之风，这般用兵，那可真是不好对付了。

羊祜的担忧是有道理的。不久之后，他就尝到了到任荆州以来的首次挫败。

西陵都督步阐本是东吴丞相步骘之子，继承兄长职务，担任西陵都督，随后被封为昭武将军、西亭侯。步家父子在西陵经营四十多年，关系盘根错节，早已把西陵当成了自己的地盘，当接到吴主孙皓让他离开西陵、进京述职的命令时，步阐感到无比惊慌。直觉告诉他，有人在皇上面前说了自己的坏话，再想想当今皇上残酷暴虐，动不动就杀害功臣勋旧，要是自己真被挑出什么刺儿来，必将性命不保。将军离开军队，那就相当于毒蛇拔了牙，没有什么威势了。

思前想后，步阐决定降晋，献上西陵做投名状，谋得司马炎的信任和厚遇也不是什么难事。谋定之后，步阐写好密信，让两个侄子步玑、步璿亲自送到洛阳，并让他们留下当人质。

面对送到嘴边的肥肉，司马炎大喜过望，当即加封步阐为都督西陵诸军事、卫将军、开府仪同三司、侍中，领交州牧，封宜都公。步玑和步璿兄弟也都各有封赏。

吴主孙皓听说步阐叛变投降，立刻令陆抗讨伐。陆抗派左奕、吾彦两员大将直扑西陵，这边司马炎也派荆州刺史杨肇前往西陵迎接步阐，羊祜率领步军直奔江陵，趁机袭扰陆抗的大本营。已经升任巴东监军的徐胤也率领水军接应步阐。

仓促之间，晋、吴两国已经在长江两岸排兵布阵，大战一触即发。

陆抗命令部属在西陵外围修筑工事，对外阻挡晋兵，对内包围步阐。陆抗麾下将士以为此次是速攻，打完了事，不想却在这里日夜搬石取土，士卒们苦不堪言，将军们也都想不通，纷纷找到陆抗，要求直捣西陵，活捉步阐。

"步家父子经营多年，西陵固若金汤，仓促间难以攻克，那时晋兵到来，我们腹背受敌，怎么办？"陆抗问诸将。

将军们还是想不通，陆抗也很无奈，只好答应让他们进攻一次试试。一切都如陆抗所料，西陵城毫无破绽，根本攻不破，部将们只好乖乖地回来修筑工事。

陆抗的工事修好了，羊祜的五万大军也开到了江陵，然而在运输军粮上却遇到了麻烦。原来，陆抗刚来荆州，就让人在当阳附近修筑堤堰，阻断河水，防止敌人从北方进攻。

羊祜仔细观察地形，只能用船来运输军粮，于是派兵搜罗船只，准备运粮，却又怕敌方早有防备，于是故意放出消息，要决破堤坝放水，好让大军通行。

陆抗准备亲自率领大军讨伐步阐，很多将军都怕羊祜攻占江陵。陆抗却信心满满地说：

"江陵城墙坚固，而且士兵众多，不用担心。即使让羊祜占据江陵，我料他也守不住。倒是西陵，如果落入杨肇之手，那上游形势就很不利了。"

"将军，刚刚得到消息，羊祜要决堤放水。"士兵进来报告说。

陆抗听了哈哈大笑："这是羊叔子故布疑阵，看来他是害怕我们自己决堤啊。来人，立刻派兵决堤！我陆抗绝不上当。"

听说吴军决破了河堤，羊祜很是苦恼，心想这陆抗果然非比寻常。现在，只能改用小车运输粮食，行军速度立刻延缓了很多。

羊祜大军好不容易赶到江陵城外，却遇到了公安督都孙遵的顽强抵抗。双方对峙之际，又传来杨肇惨败的消息。杨肇眼见劳而无功，竟然趁着夜晚逃跑了。陆抗顺利攻克西陵，诛杀了步阐及其部将数十人。

无奈之下，羊祜只能徐徐退兵。

司马炎空欢喜一场，最后只落得个损兵折将，得不偿失，一怒之下将杨肇免为庶人，将羊祜降为平南将军。

然而经过这场西陵之败，羊祜反而放下心来。他更加相信自己的平吴策是对的，尤其是面对陆抗这样的名将，心急吃不了热豆腐。必须要做好万全的准备，等待东吴内部发生变乱。

羊公无德？

　　这次突如其来的失利，确实打乱了羊祜的部属。回到襄阳之后，羊祜立刻派人将王戎抓了起来。王戎是天下共知的名士，素来与山涛、阮籍等人交好，平日里喜欢坐而论道，开口"无为"，闭口"自然"，虽然名义上是羊祜的部将，却全然不把羊祜放在眼里。羊祜命他率军接应杨肇，王戎却迟迟按兵不动，导致杨肇孤军深入，缺少后援，终于仓促败逃。

　　几位参军默而不语，只有王濬强烈反对处斩王戎。

　　"将军，王戎不务实务，实在是死不足惜。然而此人在朝中颇有声望，如果贸然处斩，不但于事无补，只怕连累了将军的清誉啊。"

"那依你之见呢？"羊祜问道。

"王戎夸夸其谈，许多见解都与将军施行的平吴大计相左，实在不宜留在军中，免得败坏军心。不如将他送回京师，交由皇上处置吧。"

羊祜采纳了王濬的建议，正要将王戎送往京师，不料王戎的堂弟王衍前来传达诏书。羊祜便在衙署接见王衍。

虽然是公事，王衍却没有穿官服，宽袍大袖，手执白玉柄的拂尘，仪容俊美，姿态潇洒，根本不像是公干的样子。

在洛阳的时候，羊祜见过王衍几次，知道他出身于琅琊王氏，家门显赫。王衍年纪不大，就独自拜访名士山涛，山涛与其交谈片刻后，便对他的博学多识感到惊异，初次相见的老少二人竟然倾谈了一整天。直到送走王衍，山涛还忍不住感叹："不知道是哪位老妇人，竟然生出了这样的儿子！"

此次襄阳再见，羊祜本想亲自设宴招待，却又考虑到王戎也在座，便让羊暨和王濬等人作陪，自己躲到书斋里读书去了。

王戎和王衍回到洛阳后，到处散布羊祜的坏话。朝廷上原本有贾充和任恺两大集团，相互猜忌、各树朋党、互相攻讦。贾充和荀勖、冯纨等人屡屡在皇上面前说任恺的坏话，使得皇上对其越来越不信任，最终将任恺罢了官。

荀勖等人本来与羊祜交好，如今听了王戎和王衍的话，也觉得羊祜掌握兵权，深得皇上宠信，实在是贾充的潜在对手，于是便也经常诋毁羊祜。

羊祜对朝廷里的斗争并不关心，早在京师他就对贾充敬而远之了，然而树欲静而风不止，关于他的传言还是传到了荆州。

"京师里传说'二王当国，羊公无德'，将军可曾听说过？"有一天，王濬对羊祜说道。

羊祜听了哈哈大笑，不以为然地说：

"兵法有云：'进不求名，退不避罪，唯民是保，而利合于主，国之宝也。'我受命镇守荆州，眼里只有朝廷的诏令，心中只有荆州百姓，何必跟他们计较。不过，王夷甫（王衍）少得盛名，渐得高位，我怕将来伤风败俗的也是这个人啊。"

无论羊公有德无德，好在皇上依旧对他信任有

面对朝中的流言蜚语，羊祜一笑置之。

加，多次下诏勉励，让他继续推行既定政策。

随着对荆州的熟悉，羊祜渐渐爱上了这里的山山水水，更对城南的岘山钟爱有加。有时只带侄子羊暨并三两个随从，放马徐行，沿路的父老见到羊祜，无不欣喜地驻足问候，羊祜也亲切地嘘寒问暖，好像面对着自家的亲人。

登上山顶，放眼北望，只见汉江滚滚流淌，绵绵不绝又无声无息，气势远远胜过家乡的汶水。这江水从何而来，又流向何方？百转千回，江水注定不会停留于此，谁来了，谁走了，谁又能在江水里荡起点点波澜？哪管什么攻城略地的惊世韬略，哪管什么千军万马的奋勇厮杀，江水迟早要奔向大海。

羊祜躺在树下的草丛里，以手为枕，面对汉江陷入了沉思。

"王家兄弟会伤风败俗吗？我这样说是否过于操切？为什么他们名满京师，唯独我看他们不顺眼？是我错了吗？"

他想起自己小时候的情形。那时有婶娘督促，他读的是儒家经典，镌刻在心头的是"三军可夺帅也，匹夫不可夺志也""天行健，君子以自强不息""士不可以不弘毅，任重而道远"，可是如今呢？人人都在捧读《老子》《庄子》与《周易》。此三书号称"三玄"，仿佛谁要不读"三玄"，便是不入流。这些书羊祜也读，却从未拿来为自己延揽声誉，只当做那是闲暇时候的消遣罢了，怎么能是治国安邦之道呢？如果举国上下人人谈玄说虚，人人坐而论道，西北的仗怎么打？东吴怎么平定？

想到这里，羊祜蹭地站了起来，飞快地冲下山去。羊暨不知道发生了什么，连忙在后面追赶。

回到辕门后，羊祜立刻召集刘伶、赵寅等人，吩咐他们去找闲置的房屋，同时发布告示，宣布开设学校，凡是胸有才学、有志为国出力的年轻学子都可前来就学。

连年战乱早已让人无心向学，不过经过多番努力，荆州学校总算有了规模。羊祜经常亲自到学校里讲授经典，鼓励学子们研习儒家学问，将来好为国家做事。

那天羊祜正在讲授《左传》，部下校尉赶来报告说从边界抓回了两个孩子，特来请示怎么处置。

"孩子？为什么抓孩子？"羊祜听了，既惊又怒。

"属下听说这两个孩子的父亲是东吴的将领，是不是可以作为人质？"前来报告的校尉想不到羊祜这样生气，小心翼翼地说道。

"胡说！两国交兵还不斩来使呢，何况是两个不谙世事的孩子。此事传扬出去，岂不教东吴人说我们卑鄙无耻吗？"羊祜说道。

"那……那怎么办？"校尉问道。

"原路送回！"羊祜斩钉截铁地命令道。

送走校尉，羊祜转过头来，看着惊讶的学子们，忍不住哈哈大笑。

"如果连孩子都不放过，那我们倒真成了虎狼之师了。"学生们跟着大笑，羊祜接着说道："你们也都知道，当年秦灭六国，山东六国都说秦国是虎狼之师，人人都是血肉之躯，哪有什么虎狼之师啊。不过我倒以为，六国之败正在于此。"

羊祜手捻胡须，若有所思。

"学生殊为不解，恳请羊公赐教？"有个胆大的学生起身问道。

"你们想啊，如果视秦为虎狼，自然是把自己当做了鱼肉，气势上也就输了。相反，如果把秦人也看做普通人，那就能以自己之心推测秦人之心，自然能够洞穿秦人的心腹和欲求，然后才能有应对之法。"

这个意外事件也产生了意想不到的效果。那两个孩子被放回之后，向自己的父亲详细描绘了羊祜的言谈举止，他们的父亲钦佩不已，很快就率部来降。羊祜对他们说，你们在军中肯定有朋友，可以送信回去，散布消息，就说我羊祜无意侵犯，一意防守。

这个消息果然起到了作用。不久之后，东吴那边的士兵不见了踪影。羊祜这才命令队伍真正撤回襄阳，专心屯田。很快，荆州屯田就扩大到了八百顷。

亦敌亦友

皇上下诏询问荆州战事，同时让羊祜举荐人出任巴郡太守。巴郡与东吴接壤，两军交兵的事情时有发生，摊派到百姓头上的税赋、徭役不胜繁重，百姓苦不堪言，贫穷人家都不敢多生孩子，甚至出现了生下男婴便狠心溺死的行径。

羊祜想到了王濬。

"羊暨，快叫王濬！"

"叔父忘了吗？王将军率军出征了。"

原来东吴大将邓香侵犯边境，王濬主动请缨，率领三千人马前往迎战，至今未归，也不知道战况如何。

"哦，是这样。你赶快派人打探消息，速速回来禀报。"

三天后，王濬和羊暨一起回来了。这次不光打了胜仗，还俘虏了邓香及手下五百人。

王濬非常高兴，羊祜却亲手解开邓香身上的绳子，拉着他的手，并肩走进辕门。邓香很不服气，痛骂王濬诡计多端，自己输得冤枉。

羊祜听了哈哈大笑："诸葛孔明能捉放孟获，我羊祜就不能放邓香吗？"

众人听了，大惑不解，邓香更是疑惑，呆呆地望着羊祜。

"邓将军，现在你可以走了。对了，别忘了带上你的人马。"

看羊祜说得斩钉截铁，邓香不再怀疑，朝羊祜拱了拱手，便大踏步走了出去。

"将军，这如何使得？"

王濬上前劝阻，羊祜却走过来，拉住他的手说道：

"这些小事你就不用管了。你稍事休息，明天就去洛阳觐见皇上吧。"

当天晚上，羊祜专门设宴为王濬饯行，嘱咐他到巴郡之后的行动方略。王濬对羊祜的策略早已心领神会，想到有机会亲自实践，心里非常激动，免不了感谢羊祜的举荐之恩。

出人意料的是，王濬前脚刚走，邓香后脚又回来了。这次他率领自己的部属上千人，心悦诚服地前来归顺。包括羊暨、刘佥等人在内，那些质疑羊祜的将佐们都惊呆了，想不到诸葛武侯捉放孟获的旧事，竟然就在自己的眼前发生了。众将对羊祜更是佩服得五体投地。

秋天来临，庄稼都已收割，四野无事，羊祜集结部队在汉江边驰骋游猎。将军跃马欢腾，士卒喧哗追逐，好不热闹。每当这时，羊祜也会换上鲜亮的铠甲，手挽皇上赏赐的宝弓，一马当先地追赶猎物。

马背上的羊祜仿佛回到了少年时代，没有畏惧，也没有忧虑，眼睛里只有猎物。突然，一头野猪出现在眼前，羊祜悄悄地抽出雕翎箭，搭在弦上，看准野猪的脑袋，一箭射出。

"命中了！命中了！"

士兵们欢呼雀跃，纷纷冲了上去。

羊祜赶上前去，跟着士兵们一起寻找，果然在草丛里发现了那头野猪。此时，野猪已经不动了。

"将军神威，一箭便射死了野猪！"

听了士兵们的颂扬，羊祜也有些得意。这还是他南下荆州以来收获的最大猎物呢。

"抬回去，犒劳将士们！"羊祜高兴地下达命令。

正当他翻身上马，准备继续出击的时候，有个士兵惊讶地喊道：

"咦，奇怪啊！怎么还有一支箭？"

"真的啊，在这里！"

听到这话，羊祜赶紧下马查看。果不其然，野猪肚子上还插着一支箭，只是在野猪逃窜过程中折断了半截箭杆，不容易发现罢了。羊祜拔出那半截箭头，仔细看了看，说道：

"这是东吴士兵的箭，看来是他们先射中的猎物。来人啊，快把野猪还给对面。"

从事中郎邹湛上前说道：

"大将军，虽说是东吴先射中的猎物，毕竟还是死于将军之手，怎么能轻易送还呢？"

"唉，话可不能这么说，如果不是碍于边境，人家也不会平白丢了这头野猪。"说到这里，羊祜

面对到手的猎物，羊祜持
身公正，不夺他人之物。

故意抬高了嗓门，大声说道："少了这头野猪，难道咱们就吃不上野味了吗？"

士兵们跟着哈哈大笑。

送走野猪，羊祜翻身上马，继续打猎。那天的收获依然很多，羊祜请来乡亲父老和学校里的优异学子，共享美味。

因为羊祜的德政，晋、吴两国的边境上相安无事，百姓们都能安居乐业。荆州百姓爱戴羊祜，连东吴百姓也对羊祜心悦诚服，称呼他为"羊公"。

羊祜巡视边界，有时还能看到东吴都督陆抗的身影。两位都督勒住坐骑，互相挥手致意。

"陆幼节真是东吴干城！设使此人常在，我何时才能南下灭吴啊？"

面对陆抗不动如山的风度，羊祜忍不住喟然叹息。

那边陆抗也对羊祜叹服不已，经常告诫将士们说："老子曰：'善为士者不武，善战者不怒，善胜敌者不与，善用人者为之下。'羊叔子以德感人，如果我们依靠暴力，气势上先就落了下风，很难不被征服。就目前来看，只要羊叔子在荆州，我们只要保住边界就很好了，诸位千万不要因为小利而去侵扰。"

陆抗手下大将潘景却不服气，怒冲冲地说道：

"战场本来就是死生之地，末将还没听说靠道德就能打胜仗的呢。大都督给我五千人马，我保证踏平襄阳，活捉羊祜！"

"哈哈哈，据我观察，羊叔子比得上乐毅和诸葛孔明，你可有田单和高祖（司马懿）的能耐？不过等到开战那天，我自然会让潘将军做先锋。"

陆抗说完，挥了挥手，示意众人退下。潘景愤愤地走出了辕门，嘴里兀自嘟哝不停。

就这样，两国无事，陆抗和羊祜相互欣赏，经常派使者问候对方，还顺便送些礼物。有一次，东吴的使者来到襄阳，说起陆抗生病的事。羊祜听了，非常担心，连忙让人拿出自己亲手调制的药，交给使者说道：

"这是我自己配制的药，很对陆将军的病症，只是我还没有服用过。如果陆将军不嫌弃，那就先送给陆将军服用吧。"

使者带回药，陆抗非常感动，正要服用。旁边的将军陈尚连忙阻止说："大都督且慢！咱们可是两国交兵，万一羊祜在药里使诈，坑害大都督，那可怎么办？都督身系国家安危，万万不可掉以轻心啊！"

陆抗听了，哈哈大笑，说道："羊叔子难道会害人吗？"

服用羊祜的药物之后，陆抗的病很快就有了起色。为了感谢羊祜的赠药之恩，陆抗精心准备了江南特产作为回赠，专门派人送往襄阳。

陆抗和羊祜这样打交道，却让手下的将军们都糊涂了，心想从军多年，哪里见过这样的敌人和对手啊。有的人心里不服气，便偷偷地奏报给吴主孙皓。

孙皓听了大发雷霆，如果不是老成的大臣劝说，就差点召回陆抗问罪了。火气平息下来，孙皓还是派使者斥责陆抗。

陆抗只好上疏为自己辩解：

"臣听说一邑一乡，都不能不讲信义，何况我们东吴还是大国！如果臣不这样做，不但伤害不到羊祜，反而更让人传颂羊祜之德，却把我东吴当成不义之师。以不义伐有德，岂能求胜？"

看了陆抗的上疏，纵然是残忍暴虐的孙皓也无言以对了。

两相比较，晋武帝司马炎对羊祜却从未怀疑，始终信任有加。

岘山之会

　　八月中秋，羊祜在衙署设宴，招待众将佐。

　　明月当空，清风徐来，一派太平气象。忽然，一只大雁飞过天空，发出响亮的鸣叫。羊祜抬起头来，恰好看见雁影掠过月亮，不由得想起自己精心饲养的那只丹顶鹤。

　　"大将军，东吴的陈尚、潘景常来侵犯，我们一忍再忍，谁知他们变本加厉，前两天还打伤了我们好几个士兵。"参军赵寅喝了不少酒，说起了兵事。

　　"哦，那你说怎么办？"羊祜故意问道。

　　"依我看，咱们趁今夜中秋，末将亲自率领三千人马，来他个星夜奇袭，保准生擒陈尚和潘景。"赵寅说道。

"末将愿意同往！"刘弥也随声附和。

"两位说笑了，我来荆州多年，你们几曾见过我偷袭敌营？哈哈哈，古人云，昼短苦夜长，何不秉烛游。值此良夜，咱们还是饮酒为上啊。"

羊祜频频举杯敬酒，然后冲自己的女婿使了个眼色，示意他多多劝酒。女婿会意，拉着羊暨过来，热情地劝赵寅和刘弥喝酒。赵、刘二将不知是计，不一会儿就醉得不省人事了。

第二天，天刚蒙蒙亮，羊祜立刻派人去给陈尚和潘景下战书，约定三天后正式开战。

约定的日期到了，羊祜亲自披挂上阵，三通鼓罢，命令全力出击。羊祜手下的将军和士兵们整天忙着屯田，轮番训练，极少能上战场厮杀，早就盼望着痛痛快快打个大仗了。听到战鼓声，犹如猛虎下山般扑向对面。

相反，陈尚和潘景误以为羊祜只是个纸上谈兵读死书的儒生，根本就没放在心上，忽然间遇到上来就拼命的晋兵，还真有些不知所措。前锋部队很快被冲乱了阵脚，转身逃窜。潘景高举宝剑，厉声喝止，然而兵败如山倒，无论如何也挽回不了。

战斗很快结束，东吴这边全军覆没，陈、潘二将也死于乱军之中。羊祜命令将两位东吴将军的尸体运回襄阳，举行了隆重的殡殓仪式，然后派人通知其家属，前来认领尸体。

这次牛刀小试，不仅晋国将士对羊祜更加佩服，东吴那边也不再有人前来挑衅，边境上安然无事。

过了几日，羊祜叫来羊暨和女婿，问道：

"前几日攻打陈、潘二将，我们好像越过边界，踩踏了东吴的农田。这样吧，你们马上去找到东吴的田主，请他们算一算损失，我们用绢做赔偿。"

"叔父，好像不必吧，两国交兵，死伤都不在话下，几亩农田又算得了什么？"羊暨大惑不解。

"你说得对啊，两国交兵，为的是什么？还不是天下一统，真到那个时候，东吴的百姓迟早也是我晋国的百姓，怎么能因为小利伤了百姓的心呢？"

听了羊祜的话，羊暨半信半疑，不再反驳，悻悻地出去了。

看看周围没有别人，女婿凑上前来，低声说道：

"岳父大人，小婿有句话不知当讲不当讲？"

"说吧。"

"岳父大人的薪俸都供奉了家族和亲属，每次部下有人生病或家庭困难，你也都慷慨相助，实在是捉襟见肘了。"

"怎么，我做得不对？"

"小婿不是这个意思。眼看大人也上了年纪，早晚会有解甲归田的一天，何不多购置些田产，置办点儿家业，卸官后也有个归宿，难道这样不好吗？"

"唉！"听了女婿的话，羊祜放下手里的书卷，叹息着说道："你也读过史书，你见史书上谁人不死，史官何曾记载谁人留下多少财货、多少田产？那都是身外之物罢了。不过你既然说到这里，回去后转告其他的羊氏子弟，我羊祜身为人臣，如果一心经营私业，那就自然违背公事。这都是糊涂之举。你们应记住我这些话。"

春暖花开，草长莺飞，襄阳再度迎来山明水秀的好时光。羊祜欣喜地召集众将，畅游岘山。坐在山顶草地，没有了长官和僚属的分别，没有了公务和战事的烦扰，所有的人都开怀畅饮。

"暮春者，春服既成，冠者五六人，童子六七人，浴乎沂，风乎舞雩，咏而归！"高声吟诵完《论语》里的名句，羊祜又说："小时候读书，只求背诵，很难理解书中真意。读了'子路、曾皙、冉有、公西华侍坐'，我很是不解，明明子路、冉有、公西华都说出了治国平天下的大志，孔夫子为什么不置可否，偏偏欣赏这个狂狷的曾皙，还说'吾与点也'。今时今日，羊祜总算明白孔子的心境了。吾与点也，吾与点也！"

"吾与羊公也！吾与羊公也！"

从事中郎邹湛略微有了醉意，听了羊祜的话，忍不住站起身来，大声附和，引得众人纷纷喝彩。

这时，羊祜也站了起来，眼望汉江，长长地叹了口气，说道：

"自有宇宙以来就有这座岘山，古往今来多少贤人高士，也曾像我和你们一样，登山远眺，冶游娱乐，如今岘山仍在，他们都去了哪里？多少人早已埋没无闻了！想来真是令人悲伤。如果死后有知，我的魂魄还会归来，还会登临岘山吧？"

"羊公之德，天下谁人不知，谁人不晓？羊公的勋劳事业追比前贤，一定会和岘山一样永存于世。至于我们这些人嘛，那才像羊公说的那样埋没无闻呢！"邹湛说道。

"我羊某不过是沧海一粟罢了。"

羊祜谦虚地摆了摆手。面对寥廓天地，他说的是真心话。魏武帝曹操宏图霸业，为后世打下大魏的基业，如今天下不是已经改姓司马了吗？昭烈皇帝刘备织席贩履，起于草莽，终于裂土封地，绍续汉祚，也算一代英雄，如今后主刘禅不也归降了吗？吴大帝孙权继承父兄之志，联刘抗曹，火烧赤壁，鼎足江东，连曹操都感叹"生子当如孙仲谋"，如今孙皓倒行逆施，江山社稷也岌岌可危了。

天下谁是英雄？英雄安在哉？

下山的时候，羊祜借着酒力，纵马疾驰，将随从们远远地甩在了后面。他沿着汉江飞驰，好像回到了故乡的汶水边，那个曾在河边抓鱼捕蝉的少年又回来了。

"百川东到海，何时复西归？"

这句诗不停地闪现在他的脑海里，勾起无限的回忆，那是婶娘在考他的功课，那是姐姐在问他的诗篇。

"驾！驾！"

羊祜快马加鞭，仿佛跟随江水奔驰就能回到故乡，仿佛穿过乱草丛就能回到从前。

突然，一道暗沟横亘眼前，等到发现时已经来不及了。马失前蹄，发出长长的哀鸣。

马倒了，羊祜也被远远地掀翻在地。

羊祜只觉得全身剧痛，几次试着站起身来，胳膊上全无力气。

"羊公！"

"羊公！"

随从们跟上来，连连呼唤。羊祜却什么也听不见了，耳边仿佛响起姐姐温柔的声音。

"汶河怎么不往东流，反倒往西流呢？"

"哎，姐姐，我问你呢。"

朦朦胧胧间，羊祜忽然想起汶河边那位神秘的老人。"羊叔子有德，犹能为折臂三公！"他艰难地伸出左手，试着摸了摸右臂，一点儿知觉也没有了。

胳膊，真的断了！

在岘山之会的归途中，羊祜纵马疾
驰，结果摔断了胳膊，正应了"折
臂三公"的预言。

伐吴策

　　自从跌落马背之后，羊祜便感觉自己的身体一天不如一天了。他有时心安，觉得自己来荆州所做的一切都是对的，为将来的天下一统奠定了基础；有时又很惶恐，平白地占着大将军的高位，却是实在没打过几场像样的仗，更没有给予东吴以致命的打击。

　　咸宁二年（276）十月，皇上下诏表彰羊祜的功劳，加封为征南大将军、开府仪同三司，同时增加封地。羊祜接到诏书后，不胜惶恐。他觉得没有平定东吴，贸然接受天高地厚的赏赐，实在不应当，于是请求皇上将自己的爵位和封地赏赐给舅父之子蔡袭。皇上同意了羊祜的请求，封蔡袭为关内侯，食邑三百户。

西北局势仍在恶化，秃发树机能的势力继续向西发展，高昌以东的很多鲜卑部落也都起而响应，纷纷叛晋。照这样下去，国家什么时候才能腾出手来平定东吴呢？

"唉，不行了，看来我是完不成这件大事了，必须寻找接替我的人啊。"

忽然，一阵风吹来，灯焰跳了几跳，熄灭了。羊祜从沉思中醒来，看看外面月华洒地，却比室内还要明亮。

借着月光，羊祜徐徐走出庭院。站岗的卫兵看见大将军，恭恭敬敬地行礼，开门。羊祜想起曾经阻拦自己的军司徐胤，嘴角露出了微笑。合格的门将尚且不易得，何况是干系国脉的将军呢。

想到这里，他心中一凛：西北、鲜卑、秃发树机能、石鉴……对了，就是山涛提到过的石鉴！羊祜听说石鉴以安西将军之职都督秦州诸军事的时候，京兆人杜预正任秦州刺史，领东羌校尉。石鉴和杜预素来不合，石鉴便以顶头上司之便公报私仇，命令杜预率三百士兵出击鲜卑。

杜预知道石鉴没安好心，当然不肯送死，于是顶撞石鉴说，六月草盛马肥，根本不适合同鲜卑人作战，而且军队的兵源和给养问题也必须集中力量预先解决，因此交战时间只能定在第二年春天。眼看杜预不服命令，石鉴恼羞成怒，随便找了个罪名，就把杜预逮捕，送交廷尉治罪。好在杜预有"护身符"，他的夫人司马氏是司马懿之女，也就是当今皇上的姑母，这才保住了性命。事发不久，石鉴却被秃发树机能打得惨败，证明杜预的意见是正确的。后来，杜预被重新起用，担任朝廷的度支尚书，主管钱粮财物事宜。

羊祜心想，杜预明于谋略，善于规划，这正是代替自己的绝好人选，而且杜预担任度支尚书已经五六年了，应该马上给皇上上疏，举荐他到更重要的位置上去！

想到这里，羊祜快步回来，重新点亮了油灯。

春耕又开始了。

汉江沿岸的农田里，农夫们正在辛勤劳作，四处洋溢着热腾腾的气氛。羊祜信步走在田间，遇到相识的人便上前招呼。百姓看见羊祜也不以为怪，只当做是自家的老者或邻里，叫声"羊公"就继续干活了。

羊祜喜欢这样的气氛。

"阿童复阿童，衔刀浮渡江。不畏岸上兽，但畏水中龙。"

不远处传来稚嫩的童声，听声音不像荆州本地人。羊祜循着声音望去，只见田垄上奔跑着三五个童子，边走边唱，旁若无人。

羊祜快步走过去，想要问明白他们唱的是什么，然而等他赶过去的时候，童子们早已不见了踪影。

"羊公好！"

羊祜怅然若失，忽然听见有人呼唤自己，连忙挥手示意，请那人过来问话。

"老人家，刚才那几个童子是哪里人，听口音不像本地啊？"

"那几个孩子是东吴那边的，去年跟着大人归顺过来。有什么不对吗，羊公？"

"哦，没什么。我听他们唱的谣曲挺有趣，想要问问，找不着了，哈哈。"

"我也常听他们唱呢。"

"太好了，快告诉我他们唱的是什么？"

听完老者转述的童谣，羊祜呆住了，半天没有说话，连老者告辞都没有听见。"阿童复阿童，衔刀浮渡江，不畏岸上兽，但畏水中龙。"这是说伐吴必定要依赖水军啊，当初羊祜便认为要想伐吴，必须凭借长江上游的有利地势。

不过"阿童"是什么意思，难道是人名？

哎呀，对啦！王濬，王濬的小字不正是阿童吗！

羊祜举荐王濬做了巴郡太守，他勤政爱民，减轻徭役课税，规定凡是生育者都可免除徭役，被保全成活的婴儿多达数千人，当地百姓无不歌功颂德。不久，王濬改任广汉太守，依然广施德政，深受百姓爱戴。有一天夜里，王濬梦见屋梁上悬挂着三把利刀，很快又多了一把。王濬从梦中惊醒，心里很不舒服。天亮之后，王濬跟僚属们说了这个噩梦，主簿李毅祝贺说："三个刀是州字，又增加一个，预示府君将要做益州刺史啊！"

不久，益州牙门将张弘发动叛乱，杀死益州刺史皇甫晏，皇上下诏升任王濬为益州刺史。王濬下车伊始便以奇计杀死张弘等人，迅速平息叛乱。事后，王濬被封为关内侯。

王濬在益州政绩突出，吸引各族百姓纷纷依附，朝廷正要召他赴京，拜为右卫将军、大司农。

羊祜细细咂摸着这几句来自东吴的童谣，情不自禁地自言自语：

"阿童啊阿童，你还是好好留在益州，做你的水中龙，不要上岸做什么大司农了。"

想到这里，羊祜赶回衙门，立刻给皇上写了密奏，阐述了自己通盘的平吴大计，恳请皇上将王濬继续留在益州，并且密令他开始建造舰船，做好从上游出击东吴的准备。

"先帝顺应天意人心，西平巴蜀，南和孙吴，海内百姓得以休养生息，人心安乐。而吴背信弃约，使边境又生战事。国家气数虽是天定，而功业必靠人为，不灭东吴，则士卒百姓无安宁之日。完成统一大业，也是光大先帝功勋，实现无为而治之举。"

羊祜开宗明义，说明伐吴是大势所趋，至于很多人议论的东吴凭借长江天险足以抵抗晋国的说法，他以蜀道之难为例，做了雄辩的反驳。

"蜀国地势也不是不险要，高山上接云霄，深谷不见日月，关隘险道，束马悬车方能通过，有一夫当关、万夫莫开之势。然而灭蜀大战开始之后，蜀国好像连个篱笆都没有，我军斩将夺旗，斩杀敌军数万，乘胜席卷蜀地，直捣成都城。汉中一带的蜀兵都不敢出动，像鸟躲在巢里。这并非蜀人不愿战，实在是力量不足与我军抗衡。刘禅投降时，蜀地官兵悄然四散。现在，渡过长江和淮河的难度不会超过剑阁，山川之险也不会超过岷山、汉水，孙皓的暴虐更是超过刘禅，吴人比巴蜀还要贫困。再看我大晋的军队多于前世，军饷和兵械也多于往日。"

这些年来，羊祜安居于襄阳，早已对天下大势有了深思熟虑，伐吴攻略更是了然于胸。他建议皇上用四路大军伐吴，梁州、益州的水军沿长江而下，犹如尖刀直插东吴心腹；荆州大军向南渡过长江，直取江陵，扫清东吴在荆州的势力；豫州的军队进攻夏口，切断东吴上游和下游之间的联络，压缩东吴的防线；其余徐州、扬州、青州、兖州的军队多路并进，直扑建业，同时摇旗擂鼓，故作疑兵，动摇东吴朝廷的意志。再加上孙皓虐待大臣，早已人心离散，到时候兵临城下，必然有人归降内应。

最后，羊祜坚定地说："晋军深入敌国，远离后方，必有死战的决心；吴人本土作战，自然会有退而守城的念头。如此看来，平吴之战很快就可以获胜！"

羊祜的上疏高屋建瓴，清晰地梳理了伐吴的基本思路和攻略，司马炎看了深以为然，发给各位大臣讨论。中书令张华、度支尚书杜预非常赞同，恳请皇上即刻着手部属，然而重臣贾充、冯纯、荀勖等人都极力反对。

"西北军情尚且未定，倘若再举全国之兵以伐吴，国力如何承受得起啊？"贾充认为不能同时发动两场大战。

"临深履薄，陛下不可不察啊。"冯纯在旁边附和道。

司马炎犹豫了。

诏书传到襄阳，羊祜喟然叹息。他仔细考虑西北的局势，经过一番深思熟虑，再次上表说："东吴平定，则胡人自然安定，当前只应迅速完成灭吴的大业，而不可坐失良机啊。"

诏书和奏疏往来几次，皇上依然下不了最后的决心，羊祜的身体却越来越虚弱，有时握笔写字都困难了。他知道，辛苦经营的大计，无论如何也不会在自己手里实现了，能不能亲眼看见天下一统还是问题呢。好在皇上也听取了他大部分的建议，加封王濬为龙骧将军，都督益州诸军事。王濬开始建造楼船，造船的木屑沿江漂流，漂到夷陵，漂到建业。孙皓哪里会想到，这就是灭吴的信号呢。

"天下事不如意者十有七八。我已经播下了种子，收获的事就等后来人吧。"

这样想的时候，羊祜的心里也就平静多了。

堕泪碑

一旦有了放手的念头，羊祜的思乡情便前所未有地浓烈起来，故乡的屋舍草木列队走过眼前，仿佛无声的召唤。

他梦见小时候的庭院，梦见汶水边的柳树和蝉鸣，梦见母亲抱着哥哥哭泣，梦见姐姐牵着自己奔跑。醒来后，耳边响起姐姐的呼唤。

"祜儿，回家喽！"

每次从梦中醒来，羊祜的脸上都留着泪痕，枕头也常常被泪水打湿。四十多年前，那个小小的羊祜怎能想到自己会走这样远的路呢。

他写信给从弟羊琇，询问老家的情形，最后写道："等到这边大事了却，我会戴上隐士巾回归故里，我会为自己挖好坟墓，放下棺材就足够了。汉朝的疏广不也是弃官归农吗，他就是我的榜样啊。"

咸宁四年（278），晋国的天下颇不太平，阳平、广武等地先后发生地震，死伤无数，各种谣言不胫而走，甚嚣尘上。

羊祜也感到深深的不安。他更感觉自己身体一天比一天虚弱，再也无力继续执掌荆州的军务，于是上疏，请求返回朝廷。

皇上同意他回朝的诏书送来了，同时到达的还有景皇后羊徽瑜去世的消息！司马炎受禅登基后，追谥伯父司马师为景皇帝，尊奉羊徽瑜为景皇后。羊徽瑜长居弘训宫，又被称为弘训太后。

姐姐去世的消息让羊祜的心里发生了强烈的震动，更加重了他的病情。

返回洛阳后，羊祜进宫朝见皇上，详细禀报了荆州的军情、民情，同时极力推荐杜预代替自己主持大计。

皇上对他无比信任，隔几天就召他进宫，商量军情，朝廷上有什么大事也都要听听他的意见。

随着病情日益加重，羊祜再也不能入朝了。皇上便派中书令张华往来传递消息。张华是西汉开国功臣张良的后代，自幼聪慧多才，博闻强识，器量宏阔，对羊祜心怀崇敬和钦佩之情。

羊祜也很赏识张华，自己有什么想法毫不隐瞒，期待他能影响皇上早做决断，不要错过伐吴的机遇。

"陛下有受禅让的美名，遗憾的是功德尚未著称于世。现在，东吴的暴政已到极点，此时伐吴，我大晋可以不战而胜。统一天下而兴办文教，陛下可比尧舜，而臣下犹如稷契，这是百代难逢的盛事啊。如果错过机会，孙皓去世，那么吴人必然另立英明君主，等到那时，纵有百万大军，恐怕也难以越过长江了，这不是留下后患吗？"羊祜说道。

听了羊祜的主张，张华点头称赞。

"茂先，能实现我这个愿望的人正是你啊！"羊祜殷切地说道："还请你转告陛下，平吴之事不必我亲自参加，我也不敢认为自己有功。我的一生即将完结了，未成的事业应该托付他人，希望陛下能审慎人选。我还是举荐杜预和王濬，恳请陛下不要疑惑动摇！"

看着病床上骨瘦如柴的羊祜，张华预感到这是他最后的嘱托，忍不住泪如雨下。

这年十一月，洛阳城里大雪飞扬，羊祜永远地合上了双眼。

羊祜去世的消息也像雪花，很快便传遍了全城。皇上亲自为羊祜送葬，痛哭不已。天气很冷，皇上的眼泪流到胡须上面，很快结成了冰。洛阳城的百姓们夹道送别羊太傅，整个都城都笼罩着悲伤的气氛。

消息传到襄阳的时候正逢集市，百姓们罢市关张，自发地祭拜羊公。襄阳城里的哭声不绝于耳，连绵不断。哭声感染了吴国边境上的将士，他们也为昔日的"敌人"落下悼念的泪水，深情地呼唤着"羊公"。

襄阳百姓在羊祜热爱的岘山顶上建庙立碑，表达永远的纪念。每当人们看到石碑，追想羊祜的恩情，无不热泪长流。杜预也曾登上岘山，抚摸着石碑，感

为纪念羊祜在荆州施行的仁政，百姓为他立碑以示崇敬，目碑思人，莫不流泪。

叹说："堕泪碑啊堕泪碑，羊公之魂安在哉？"

两年后，羊祜举荐的杜预按照羊祜生前的部署发动灭吴之战，王濬的楼船在夷陵烧断拦江的千寻铁索，大军直指建业，统一大业终于宣告完成。

满朝文武大臣都来向皇上庆贺，晋武帝司马炎手举酒杯，流着眼泪说道："这都是羊太傅的功劳啊！"

四百多年后，襄阳诗人孟浩然与朋友同登岘山，亲手抚摸着羊公碑，临风吟诵道：

　　人事有代谢，往来成古今。

　　江山留胜迹，我辈复登临。

　　水落鱼梁浅，天寒梦泽深。

　　羊公碑字在，读罢泪沾襟。

羊祜
生平简表

●◎魏文帝黄初二年（221）

羊祜出生于泰山郡南城县。

●◎魏明帝景初三年（239）

魏明帝曹叡去世，齐王曹芳继位。曹爽征辟，羊祜谢绝。

●◎魏哀帝正始十年（249）

司马懿发动高平陵之变，重掌军权。羊祜岳父夏侯霸降蜀。
羊祜在洛阳照顾夏侯氏家族，未受牵连。

●◎魏高贵乡公正元二年（255）

司马师去世，司马昭任大将军，征辟羊祜，羊祜不入私门，就任中书侍郎，升任给事中、黄门郎。

●◎甘露五年（260）

高贵乡公曹髦被弑，曹奂即位。羊祜被封为关内侯。

●◎魏元帝景元三年（262）

钟会任镇西将军，辛宪英奉劝羊祜提防。

●◎咸熙二年（265）

司马昭去世，司马炎继承晋王爵位。羊祜任中领军。

●◎晋武帝泰始元年（265）

司马炎逼迫魏元帝曹奂禅位，即位为帝，国号为晋。羊祜进号为中军将军，加散骑常侍，进爵为郡公，食邑三千户。羊徽瑜为景皇后，因居弘训宫，故称弘训太后。

●◎泰始五年（269）

羊祜调任荆州诸军都督，假节，开始统筹平吴战略。

●◎泰始六年（270）

吴国名将陆抗任荆州都督，与羊祜对峙。羊祜建议在益州办水军，利用长江上游的便利条件。

●◎泰始八年（272）

晋吴西陵之战爆发，羊祜进攻江陵，因为陆抗破坏道路而导致粮草运输困难，不能前进。羊祜因救援不利而被贬为平南将军，并推荐王濬任巴郡太守，参与平吴大计。

●◎咸宁二年（276）

羊祜任征南大将军、开府仪同三司。

●◎咸宁三年（277）

司马炎诏封羊祜为南城侯，羊祜力辞。

◎咸宁四年（278）

六月，羊徽瑜去世，谥号景献皇后。十一月，羊祜在洛阳去世，临终前上《平吴策》，推荐杜预。

◎咸宁六年（280）

晋武帝司马炎诏令六路大军攻吴，杜预包围江陵，王濬率先攻破吴都建业。吴主孙皓举国投降，天下重归一统。